KB076483

미장센
- 영화 창작 논리의 해부

아모르문디 영화 총서 ②

미장센: 영화 창작 논리의 해부

3판 2쇄 펴낸 날 2024년 11월 10일
2판 펴낸 날 2019년 4월 20일
1판 펴낸 날 2016년 3월 20일

지은이 | 이종승
펴낸이 | 김삼수
편 집 | 김소라
디자인 | 최인경

펴낸곳 | 아모르문디
등 록 | 제313-2005-00087호
주 소 | 서울시 마포구 월드컵로5길 56 401호
전 화 | 070-4114-2665 팩 스 | 0505-303-3334
이메일 | amormundi1@daum.net

ⓒ 이종승, 2023 Printed in Seoul, Korea

ISBN 979-11-91040-28-9 94680
ISBN 978-89-92448-37-6(세트)

아모르문디 영화 총서 · 2
Amormundi Film Books

미장센
─영화 창작 논리의 해부

이종승 지음

아모르문디

'아모르문디 영화 총서'를 시작하며

영화가 탄생한 것은 1895년의 일입니다. 서구에서 영화에 대한 이론적 담론은 그로부터 한참 뒤인 1960년대에야 본격화되었습니다. 한국에서는 1980년대 후반의 일이었습니다. 대학원에 영화학과가 속속 생겨나면서 영화는 비로소 학문의 영역으로 들어왔고 연구자들에 의해 외국 서적들이 번역·소개되기 시작했습니다. 1990년대 중반까지만 해도 외국어로 된 책을 가지고 동아리 모임이나 대학원에서 함께 공부하고 토론했던 기억이 새롭습니다. 매일 선배나 동료들에게 애걸복걸하며 빌리거나 재복사를 한, 화면에 비가 내리는 비디오테이프를 두세 편씩 보고서야 잠이 들고 다른 언어로 된 이론서를 탐독하며 보냈던 시절은 어느덧 지나간 듯합니다. 이제는 구할 수 없는 영화가 없고 보지 못할 영화도 없습니다. 그럼에도 오늘 한국의 영화 담론은 어쩐지 정체되어 있는 듯합니다. 영화 담론의 장은 몇몇 사람들만의 현학적인 놀이터가 되어가고 있는 느낌입니다.

　최근 한국의 영화 담론은 이론적 논거는 부실한 채 인상비평만 넘쳐나고 있습니다. 전문 영화 잡지들이 쇠퇴하는 상황에서 깊이 있는 비평과 이해는 점점 더 찾아보기 어려워지고 있습니다. 대학과 현장에서 사용하는 개론서들은 너무 오래전 이야기에 머물러 있고 절판되어 찾아보기 힘든 책들도 많습니다. 인용되고 예시되는 장면도 아주 예전 영화의 장면들입니다. 영화는 눈부신 속도로 발전하고 있는데, 그에 대한 이론적 논의는 그 속도를 따라가지 못하는 형국입니다. 물론 이론적 담론이 역동적인 영화의 발전 속도를 바로바로 따라잡기란 쉽지 않은 일입니다. 그럼에도 당대의 영화 예술에 대한 깊이 있는 이해는 비평적 접근을 통해서만 가능하다고 믿습니다. 이에 뜻을 함께하는 영화 연구자들이 모여 '아모르문디 영화 총서'를 시작하고자 합니다.

'아모르문디 영화 총서'는 작지만 큰 책을 지향합니다. 책의 무게는 가볍지만 내용은 가볍지 않은 영화에 관한 담론들이 다채롭게 펼쳐질 것입니다. 또한 영화를 이미지 없이 설명하거나 스틸 사진 한두 장으로 논의하던 종래의 방식을 벗어나 일부 장면들은 동영상을 볼 수 있도록 기획하였습니다. 예시로 제시되는 영화들도 비교적 최근의 영화들로 선택했습니다. 각 권의 주제들은 독립적이면서도 서로 연관관계를 갖도록 설계했습니다. '아모르문디 영화 총서'는 큰 주제에서 작은 주제들로 심화되는 방향으로 구성되어 있습니다.

정체되어 있는 한국 영화 담론의 물꼬를 트고 보다 생산적인 논의들이 확장되고 발전하는 데 초석이 되었으면 하는 것이 '아모르문디 영화 총서'의 꿈입니다. 영화 담론의 발전이 궁극적으로 영화의 발전을 가져올 것이고 그 영화를 통해 우리의 삶이 더 풍요롭고 의미 있는 것이 되었으면 합니다.

기획위원 김윤아

들어가는 글

영화를 공부하는 학생들이나 즐겨보는 관객들에게 가장 많이 받는 질문이 있습니다. "영화를 보다 잘 이해하고 감상하려면 어떻게 해야 하나요?" 사실 이런 질문이 가장 어렵습니다. 정해진 정답이 없기 때문이죠. 질문을 받을 때마다 내 자신조차 모르는 모범답안을 어설프게 제시하는 대신 프랑수아 트뤼포(François Truffaut)가 말한 '영화를 사랑하는 방법'에 대해 넌지시 소개만 하고 뒤로 빠집니다. 결국 질문에 대한 정답은 자기 자신이 직접 찾아야 하니까요.

1960년대를 대표하는 프랑스의 영화감독이자 평론가인 트뤼포는 정말 유명한 영화광이었습니다. 하루 종일 극장에서 사는 것은 기본이고 평생의 목표를 무슨 일이 있어도 하루에 세 편의 영화를 보고 1주일에 세 권의 책을 읽는 것으로 삼았을 정도였으니까요. 그가 말한 영화를 사랑하는 세 가지 방법은 영화 애호가들에게 해주고 싶은 조언이자 동시에 스스로에 대한 진심어린 다짐이었습니다. "영화를 사랑하는 첫 번째 방법은 같은 영화를 두 번 보는 것이며, 두 번째는 영화평을 쓰는 것이고, 세 번째는 영화를 만드는 것이다." 어찌 보면 지극히 평범한 말 같지만 이 말의 진짜 의미를 알게 되면 절로 고개가 끄떡여지는 순간을 경험하게 되죠. 우선 같은 영화를 두 번 보라는 의미는 매우 의미심장합니다. 바로

6

영화를 분석하는 첫 단계에 해당되기 때문이죠. 우리는 영화를 처음 볼 때 주로 스토리에 집중해서 관람하기 때문에 화면의 세밀한 요소까지는 기억하지 못합니다. 특히 자막이 있는 외국영화를 볼 때면 그 정도가 더 심해지지요. 한번 보았던 영화를 두 번째 관람하게 되면 전혀 다른 신세계가 펼쳐지게 됩니다. 이미 영화의 스토리는 알고 있으니 이제는 화면 그 자체에 집중하게 되고 첫 번째 관람에서 미처 보지 못했던 많은 영화적 요소들이 보이기 시작하는 겁니다. 같은 영화를 세 번째, 네 번째 관람하게 되면 영화의 세세함이 더 잘 들어오겠죠. 이게 바로 영화를 분석하는 행위입니다. 뭐 분석이 별거 있나요? 여기서 한 발짝 더 들어가는 것이 중요합니다. 바로 이런 분석을 머리로만 하지 말고 직접 글을 써서 기록하는 것입니다. 트뤼포가 말한 두 번째 방법이죠. 하루에 일어난 일을 일기로 적는 이유와 비슷합니다. 머릿속에 파편으로만 기억되던 이미지와 사운드가 직접 글을 쓰는 과정을 통해 일목요연하게 정리가 되는 것이죠. 자신이 본 영화에 대한 생각들을 계속해서 글로 표현하는 행위. 이게 바로 비평입니다. 뭐 평론가가 따로 있나요? 자! 이제 마지막 단계입니다. 같은 영화를 두 번 이상 본 후 글로써 정리하는 것에 머물지 말고 어설프더라도 직접 한번 찍어보고 편집해 보는 겁니다. 장비나 완성도는 생각하지 말고요. 이 행위가 중요한 이유는 단순히 영화를 관람하는 소비자에 머무는 것이 아닌 영화를 직접 만드는 창작자의 시선으로 영화에 접근

할 수 있게 되기 때문입니다. 우리가 직접 음식을 만들게 되면서 경험하게 되는 시행착오를 통해 음식에 대한 이해가 깊어지게 되는 것과 일맥상통한다고 할 수 있습니다. 뭐 나라고 감독이 되지 말란 법 있나요?

이 책에서 다루게 될 미장센은 영화를 사랑하는 방법을 실천하는 데 가장 기본이 될 마중물이라고 할 수 있습니다. 영화를 두 번 이상 볼 때 우리의 시선을 사로잡는 것들이 무엇인지, 영화에 대한 생각을 글로 정리할 때 어떻게 영화적으로 표현할 수 있는지, 영화를 만드는 창작자가 어떻게 창조성과 상상력을 극대화시킬 수 있는지에 대한 많은 단서들을 제공해 주리라 믿습니다. 독자의 이해를 돕기 위해 미장센의 중요 요소와 연관되는 다양한 예시들을 QR코드(비밀번호: amormundi)를 통해 제공합니다. 아무쪼록 이 책이 영화를 지금보다 더 사랑하게 되는 여러분의 모습을 발견하는 데 있어 작은 시금석이 되었으면 합니다.

개정판을 펴내며

　새로운 개정판을 내면서 독자 여러분의 이해를 돕기 위해 각 미장센 요소들에 대한 새로운 16편에 대한 예시와 한 개의 용어 길잡이를 새롭게 추가했습니다. 그러나 저작권 강화로 인해 새로운 예에 대한 QR코드 동영상 제공이 어렵게 되었습니다. 대신 추가된 영화의 장면에 대한 동영상 정보는 타임코드로 표기했습니다. 독자 여러분의 많은 양해 부탁드립니다.

지은이 이종승

차례

Ⅰ. 미장센이란 무엇인가?

1) 미장센의 개념

미장센(Mise-en-scène)은 프랑스어로 '무대에 위치시키기'라고 번역할 수 있고, 영어로는 'placing on stage' 또는 'putting into the scene'이라고 표현됩니다. 간단히 말해 미장센은 '장면의 무대화'라고 할 수 있습니다. '무대(stage, scene)'라는 말이 의미하듯이 사실 미장센은 연극에서부터 사용된 용어랍니다. 그래서 프랑스에서는 연출가를 '메뙤엉 쎈느(metteur en scène)', 즉 '무대에 위치시키는 사람'이라고 부르죠. 연극에서 사용되는 미장센은 주로 무대에 배치되는 소품과 배경 그리고 배우들의 동선 구성과 관련됩니다.

미장센이란 용어는 영화로 옮겨오면서 그 의미가 조금 달

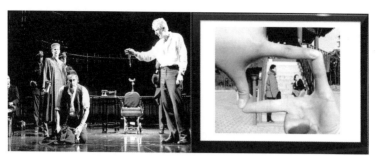

[사진1] 연극적 미장센과 영화적 미장센

라집니다. 바로 연극이 펼쳐지는 무대라는 개념 대신에 영화 구조의 최소 단위인 숏(shot)의 구성(framing)과 관련되는 것이죠. 연극 연출자가 무대 위에 무엇을 배치할까를 고민한 다면 영화감독은 프레임(frame)에 무엇을, 어떻게 찍을 것인 가를 기준으로 모든 생각을 풀어나갑니다. 이렇게 영화에서 사용되는 미장센 용어는 화면 속에 담길 모든 조형적 요소 들, 예를 들어 카메라의 각도와 움직임, 조명, 세트, 배우의 연기, 의상, 분장 등 카메라에 찍힐 수 있도록 영상을 구성하 고 움직임을 만드는 감독의 연출 작업 전반을 포괄하는 개념 이라고 볼 수 있습니다.

2) 미장센의 중요성

영화에서 사용되는 미장센은 매우 광범위합니다. 영화를 제작하는 창작자에게도 영화를 분석하는 비평가 입장에서도 미장센은 가장 중요하고 기본이 되는 요소이기 때문입니다. 미장센의 중요성을 [사진2]의 예시를 통해 알아볼까요?

영화를 연출하는 감독은 프레임 안의 특별한 위치에 사람과 사물을 효과적으로 배치함으로써 관객에게 어떤 상징적 의미를 전달하려고 합니다. 감독은 이런 결정을 내릴 때 어떤 기준으로 선택할까요? 그날그날 기분에 따라서 즉흥적으로 선택할까요? 아닙니다. 감독은 철저하게 프레임이 가지고 있는 상징적 의미를 토대로 결정하게 됩니다. 똑같은 사물과 사람이라도 프레임의 어느 위치에 배열하느냐에 따라 관객

☞ **프레임(frame)과 숏(shot)**

영화에서 사용되는 프레임이란 필름에서 보이는 한 장 한 장의 정지된 사진을 말합니다. [사진1]에서처럼 촬영하기 전 양손의 엄지와 검지를 이용해 직사각형 형태의 가상의 프레임을 만들어 낸 후 실제로 찍을 영상의 구도를 미리 체크해 볼 수 있습니다. 이렇게 프레임은 우리가 눈으로 보는 현실세계를 영화세계로 한정시키며 시각적인 주의를 집중시키는 표현 단위라고 할 수 있습니다. 이런 의미에서 프레임은 촬영되는 대상이 들어갈 공간의 경계를 결정하고 장면을 구성함에 있어 최초의 선택이라고 할 수 있겠죠.

프레임이 영화의 공간을 한정짓는 표현 단위였다면 숏은 영화의 시간을 한정짓는 기본 단위라고 볼 수 있습니다. shot에 대한 한글 표기는 '샷', '숏', '쇼트' 등으로 표기되지만 이 글에서는 숏으로 통일하여 사용하겠습니다. 숏은 카메라가 작동하기 시작해서 끝나는 시간 동안까지 빛에 노출되어 촬영된 필름의 길이를 말합니다. 쉽게 말해 감독이 액션이라고 시작해 컷이라 외칠 때까지 기록된 영상을 말하죠. 편집(editing)이란 이러한 숏들을 모아 이어 붙여 완성된 영화로 만드는 작업을 의미합니다.

[사진2] 프레임의 상징적 의미로서의 기능

에게 주는 의미는 엄청나게 달라지기 때문이죠. 왜 그럴까요? 일반적인 관객의 심리 구조로 볼 때 프레임의 상단(top)은 힘 또는 열망과 관련된 관념을 나타낸다고 할 수 있습니다. 왜냐하면 보통 신적인 존재는 저 높은 곳에 있다는 것이 우리가 느끼는 일반적인 통념이기 때문입니다. 그래서 영화에서 어떤 카리스마를 지니고 있는 캐릭터 대부분은 프레임의 상단에 배치하게 됩니다. 이와는 반대로 프레임의 하단부분(lower part)에 배치된 캐릭터는 왠지 모르게 굴욕적이고 취약하며 무력감에 빠져 있는 것으로 보이고 때로는 위험에 처해 있는 것으로 느껴지게 됩니다. 실제 영화에서 사용된 예를 통해 이해해볼까요? [사진2]의 ①번은 〈명량〉(2014)에서 이순신(최민식 扮) 장군이 적진을 응시하며 전군에 출동명령을 내리는 장면입니다. 어떤 인상이 드나요? 영화의 전후 맥락을 전혀 모르더라도 왠지 이순신 장군의 모습이 권위가 있고 대상을 지배하며 상대를 위협하는 것 같지 않나요? 그 이유는 바로 이순신의 모습을 프레임의 상단 부분에 배치했기 때문입니다. 물론 그 카리스마를 더욱 부각시키기 위해 카메라 앵글(Angle)을 앙각(Low Angle)으로 촬영한 것도 한 몫을 차지했다고 볼 수 있죠.

이번에는 정반대의 경우입니다. [사진2]의 ②번은 〈은밀하게 위대하게〉(2013)에서 최정예 혁명전사 원류환(김수현 扮)이 자신의 신분을 숨기고 달동네 슈퍼집 바보 방동구로 사는 장면입니다. 동네 꼬마 아이들에게 돌멩이를 맞고 땅바닥으로 넘어지는 동구의 모습을 영화는 의도적으로 프레임의 하단부에 배치하고 대신 가해자인 두 꼬마 아이들을 프레임의 상단 부분에 배치합니다. 여러분은 이런 동구의 모습이 어떻게 느껴지나요? 바보 동구가 어린 꼬마들에 비해서도 한참이나 덜떨어지고 무력하게 보이지 않나요? 영화는 관객에게 동구의 굴욕감을 한층 더 배가시키기 위해 이번에는 카메라를 부감(High Angle)으로 잡아냅니다. 이 모든 게 우연의 일치가 아니라 치밀하게 계산된 연출에 의해서 숨겨진 의미가 만들어진 것이죠.

프레임의 중앙(center)과 좌우 측면(side) 역시 숨겨진 상징적 의미가 들어있습니다. 우선 프레임의 중앙은 당연히 중요한 시각적 요소들이 차지하게 됩니다. 실제로 우리가 사물이나 사람을 볼 때 가장 먼저 중앙부터 보게 되니까요. [사진2]의 ④번은 〈군도: 민란의 시대〉(2014)에서 의적 떼의 두목

대호(이성민 扮)를 중앙에 배치하고 부하들은 그의 뒤편 및 측면에 배치한 장면입니다. 관객은 영화를 보기 전 어떠한 사전정보가 없더라도 의적들 중 당연히 대호가 두목이고 영화에서 중요한 역할을 수행할 주인공임을 쉽게 알 수 있습니다. 이에 비해 프레임의 좌우 양옆은 상대적으로 덜 중요한 부분입니다. 결혼식에 가서 기념사진을 찍을 때도 신랑, 신부를 기준으로 중앙에 있는 사람들이 보다 가까운 친·인척들이고 상대적으로 좌우에 배치된 하객들은 다소 먼 친지인 경우가 대부분이잖아요? 영화에서도 마찬가지입니다. 프레임의 좌우 측면에 배치된 사물 및 사람은 망각(忘却)을 뜻하거나 잊혀도 무방한 존재, 때에 따라서는 미지(未知)의 존재로 인식되게 됩니다. 따라서 일반적인 경우 주인공들은 대부분 중앙에 위치시키고 조연을 좌우 양옆에 배치하면서 자연스럽게 캐릭터의 중요도를 관객에게 알려주죠. 재미있는 점은 이런 배열이 반드시 규칙처럼 적용되는 것은 아니라는 것입니다. 때로는 의도적으로 프레임의 중앙과 좌우 양옆의 배치를 위반함으로써 관객에게 색다른 의미를 전해주기도 하죠. [사진2]의 ③번은 이러한 변형된 프레임 짜기를 잘 보여주는 장면입니다. 〈청담보살〉(2009)의 주인공은 재벌보살 태랑(박예진 扮)과 원조백수 승원(임창정 扮)입니다. 그러나 위의 장면에서는 두 주인공을 좌측면에 배치하는 대신 조연인 승원의 아버지(양택조 扮)를 중앙 위쪽에 배치를 하지요. 자연스럽게 위의 장면에서만큼은 두 주인공보다는 아버지 캐릭

☞ 앵글(Angle)

앵글이란 촬영을 위해 카메라를 위치시켰을 때 결정되는 각도를 말합니다. 당구의 고수가 되기 위해 가장 중요한 것 중 하나가 각도의 이해이듯이 촬영 역시 다양한 각도로 촬영을 함으로써 영화적 공간의 입체감이 조성됩니다. 촬영에는 많은 앵글이 있지만 가장 대표적인 두 가지 앵글만 알아볼까요?

① 부감(俯瞰): 영어로 하이앵글이라고 하며 카메라를 위에서 아래로 기울여 피사체를 촬영하는 각도를 말합니다. 말 그대로 대상의 눈높이보다 높은 곳에서 찍혀진 것이죠. 이렇게 부감으로 찍힌 영상은 관객으로 하여금 대상을 내려다보는 느낌을 들게 하고 그 대상은 왜소하고 초라해 보이며 공격당하기 쉬워 보입니다. 아래 사진처럼 약해보이고 연민을 느끼게도 하죠.

[사진3] 부감으로 촬영된 영상의 느낌

② 앙각(仰角): 영어로 로우앵글이라고 하며 카메라를 아래에서 위로 기울여 피사체를 촬영하는 각도를 말합니다. 부감과는 반대로 대상의 눈높이보다 낮은 곳에서 찍은 것이죠. 앙각으로 촬영된 영상은 관객으로 하여금 누군가를 우러러본다는 느낌을 들게 하기 때문에 관객은 그 대상을 지배적이고 위협적이며 권력자처럼 인식하게 됩니다. 아래 사진처럼 갑을(甲乙)관계에서 갑의 위치로 인식하게 합니다.

[사진4] 앙각으로 촬영된 영상의 느낌

터 위치가 강화되어 영화에 색다른 전기를 마련하는 데 효과적으로 사용됩니다.

어떤가요? 이제 영화를 창작하고 감상하는 데 미장센이 왜 중요한지를 조금이나마 알 수 있겠지요? 그렇습니다. 이렇게 미장센은 감독의 상상 속에만 존재하던 의미들을 실제로 볼 수 있도록 스크린 위에 형상화하는 표현적 도구라고 할 수 있습니다. 사실 관객에게 영화의 주제와 등장인물의 심리상태를 알게 해주는 가장 직접적인 수단은 배우가 말하는 대사입니다. 그러나 지나치게 대사에만 의존해 이야기가 전개되면 관객은 곧 식상해집니다. 이때 미장센 요소들이 창의적으로 결합이 된다면 대사에 내재하고 있던 본래의 의미들이 시청각적으로 변환되어 영화의 주제나 등장인물에 대한 정보 그리고 감정 상태를 묘사하는 데 효과적으로 사용될 수 있습니다.

우리가 앞으로 이 책에서 하고자 하는 작업이 바로 이러한 미장센 요소들을 해독하고 분석할 수 있는 기초적인 안목을 키우는 것입니다. 다시 말해 영화 창작의 논리를 역추적해보는 것이죠. 이렇게 미장센을 자세히 분석하는 연습을 하게 되면 영화를 바라보는 비평적 안목을 예리하게 해줄 뿐만 아니라 더 나아가 영화 창작의 창조성과 상상력을 증대시킴으로써 영화를 지금보다 더 사랑하게 되는 우리의 모습을 볼 수 있으리라 생각합니다.

II. 미장센 분석의 실제

　　미장센을 구성하는 요소는 촬영부터 시작해서 배우의 연기에 이르기까지 매우 다양합니다. 때로는 독립적인 요소로서 기능할 수도 있고 경우에 따라서는 세 가지 이상의 요소가 하나로 합쳐져서 시너지 효과를 내는 경우도 있습니다. 물론 절대적인 기준이 있는 것은 아니지만 대개 미장센의 구성요소는 9가지 코드로 분류할 수 있습니다.

　　[표1]에서 분류하고 있는 미장센의 구성요소 중 우리는 촬영 코드, 색채/조명/프로덕션 디자인 코드, 셔레이드 코드 순서로 자세히 알아보도록 하겠습니다. 본격적으로 시작하기에 앞서 우리가 미장센 분석을 하면서 잊지 말아야 될 중요한 사항이 있습니다. 바로 미장센 분석의 목적입니다. 흔히들 미장센을 분석하는 과정을 바둑의 복기(復棋)에 비유하

미장센 코드	구성요소
촬영 코드	카메라 시점/움직임
	앵글 선택
	렌즈 선택
	구도
	화면 종횡비
	심도
색채 코드	색채 선택
조명 코드	조명 선택
질감 코드	화면의 톤
프로덕션 디자인 코드	세트, 소품, 의상, 분장, 장식, 장소, 그래픽
셔레이드 코드	소도구 / 배우의 표정, 동작, 행위
캐릭터 코드	캐스팅
	의상 / 분장
	배우 연기 / 동선
	대사 / 음성
사운드 코드	음향 / 음악
시·공간 코드	커트 길이, 시·공간 확장 및 축소

[표1] 미장센의 구성요소

고는 합니다. 바둑에서 한번 두고 난 대국의 경과를 검토하기 위해 바둑알을 두었던 대로 처음부터 다시 놓아보는 복기의 작업과 영화 장면에 사용된 미장센 요소를 분석함으로써 영화 창작의 논리를 역추적해 보는 작업이 유사하다는 것이죠. 맞습니다. 틀린 말은 아닙니다.

그러나 여기서 분석을 멈추게 되면 미장센이 갖는 진짜 핵심을 놓치게 됩니다. 미장센 분석의 진정한 목적은 완성된 장면을 하나하나 분해해서 어떤 요소들이 창의적으로 결합했는가를 기술적으로 분석하는 데 있는 것이 아닙니다. 오히려 미장센 분석의 최종적인 목적은 감독이 의식적으로 구성한 화면을 보면서 어떤 감정과 의미가 도출되었는지를 명확히 알아보는 데 있습니다. 마치 바둑 기사가 한 수 한 수를 둘 때 어떤 감정과 의미를 가지고 두었는지까지 읽어낼 수 있는 것이 진정한 고수이듯이 말이죠.

1) 촬영 코드

영화를 제작할 때 감독이 고려하는 문제에는 무엇이 있을까요? 예산과 흥행에 대한 문제 역시 중요한 고민이기는 하지만, 감독은 다음 세 가지 문제를 최우선적으로 생각합니다. 첫째, 무엇을 촬영할 것인가? 둘째, 어떻게 촬영할 것인가? 셋째, 그것을 어떻게 관객에게 보여줄 것인가? 이 세 가지 중 무엇을 어떻게 촬영할 것인가는 미장센의 영역이라고 할 수 있고, 어떻게 보여줄 것인가는 몽타주(montage), 즉 편집의 영역이라고 할 수 있습니다. 미장센을 중시하고 선호하는 감독들은 숏의 결합으로 의미를 만들어내는 편집의 의존도를 최소화하는 대신 한 장면에 동시다발적인 많은 영상 정보를 보여줌으로써 관객에게 의미를 전달하려고 합니다. 따라서 이런 부류의 감독들은 숏을 쪼개지 않고 한 숏을 길게 찍는 롱 테이크(long take)와 화면의 심도를 살린 딥 포커스(deep focus) 촬영기법을 즐겨 사용합니다.

(1) 롱 테이크

롱 테이크는 하나의 숏을 일반적인 경우보다 길게 촬영하는 것을 말합니다. 일반적인 상업영화의 경우 하나의 숏 길이를 대개 10초 내외로 끊어 편집으로 이어 붙이는 것에 비해 롱 테이크로 촬영된 영상은 최소 1~2분 이상 숏의 길이가 편집 없이 길게 진행됩니다. 따라서 롱 테이크를 통한 장면은 가능한 흐름을 단절시키지 않고 긴 호흡으로 사실감을 유지시킬 수 있다는 장점이 있죠. 그래서 화면구성과 여백의 조화를 통해 다의적인 이미지를 관객에게 전달하려는 목적으로 사용하는 경우가 많습니다. 롱 테이크는 관객에게 감독이 구사한 미장센의 의미를 분석할 수 있는 시간을 충분히 제공하기 때문에 보다 능동적으로 관객들 스스로 관찰하고

☞ 몽타주(montage)

프랑스어 monter(조립하다)에서 유래된 몽타주는 숏들의 연결에 의하여 새로운 의미가 창조된다는 의미의 용어입니다. 우리가 흔히 알고 있는 편집(editing)과 거의 동일한 의미로 쓰이고 있죠. 영화에 편집이라는 의미를 발견하고 다양한 기법을 창시한 것은 미국의 영화인들이지만 이러한 기본 개념을 본격적인 이론으로 발전시킨 것은 러시아의 영화인들이었습니다. 몽타주 이론에 관심 있는 독자라면 지가 베르토프(Dziga Vertov), 레프 쿨레쇼프(Lev V. Kuleshov), 세르게이 에이젠슈타인(Sergei Eisenstein) 등 1920년대 러시아 무성영화의 황금기를 이끌었던 위대한 감독들에 대한 정보를 찾아보세요.

음미할 수 있는 관람 태도를 유도할 수 있게 됩니다. 쉽게 말해 느긋하게 영상을 즐길 수 있게 해 주는 것이죠. 한 장의 사진을 10초 동안 보여준 후 사진의 느낌을 말하는 것과 2분 이상을 충분히 보고 느낌을 말하는 것은 큰 차이가 있을 수밖에 없겠죠. 같은 이치입니다.

이와 관련된 재미있는 실험 하나를 소개할까 합니다. 영국의 인지주의 영화연구가 팀 스미스(Tim J. Smith)는 아이링크 1000(Eyelink 1000)이라는 시선 추적 장비를 이용해서 실제 관객의 시선이 영상을 볼 때 어떻게 반응하고 이동하는지를 분석했습니다. 먼저 드림웍스의 애니메이션 〈장화 신은 고양이 Puss in Boots〉(2012)의 예고편을 16명에게 보여주고 실험자들의 시선이 화면 어디에 집중되는지를 기록했어요. 결과는 [사진5]의 왼쪽 사진처럼 16명 중 거의 예외 없이 화면 중앙에만 집중한다는 결과가 나왔습니다. 그 이유는 예고편이 아주 짧은 숏들을 사용해 빠르게 편집된 영상이기 때문에 관객이 화면의 이미지들을 충분히 감상할 수 있는 시간이 없었기 때문이었죠. 아무리 다양한 정보들을 화면 위에 배치해 놓아도 너무 짧게 스쳐 지나가기 때문에 관객의 시선은 프레임의 중앙에 위치한 주인공 고양이에게만 쏠렸던 겁니다. 즉 관객의 수용 태도가 매우 수동적일 수밖에 없기 때문에 감독이 보여주고자 하는 의미만 주입식으로 기억될 가능성이 높습니다. 오른쪽 사진은 〈데어 윌 비 블러드 There Will Be Blood〉(2008)에서 약 1분 46초 동안 편집 없이 길

[사진5] 팀 스미스의 시선 추적 장비 실험

비밀번호: amormundi

게 보여주는 롱 테이크 장면을 11명의 실험자에게 보여준 결과입니다. 〈장화 신은 고양이〉와는 달리 관객의 시선이 분산되고 있음을 알 수 있습니다. 관객의 시선은 때로는 프레임 중앙에 배치된 4명의 등장인물을 바라보기도 하고 하단부의 지도와 좌측면과 위쪽에 배치된 조명에 집중하는 경우도 있음을 알 수 있어요. 왜 이런 상반된 결과가 나왔을까요? 그 주된 이유는 관객에게 화면구성을 통해 생산되는 다의적인 의미를 분석할 수 있는 시간을 충분히 제공했기 때문입니다. 앞에서 설명했듯이 관객의 수용 태도를 능동적으로 유도할 수 있기 때문에 그만큼 관객 스스로 관찰하고 음미할 수 있는 환경을 제공할 수 있는 것이죠. 물론 여기에는 또 하나의 중요한 미장센 요소인 딥 포커스 촬영기법이 더해졌기 때문입니다. 이에 대해서는 잠시 뒤에 다시 설명하기로 하죠. 스미스의 실험이 우리에게 주는 아주 평범한 진리는 관객의 시선은 보여주는 숏의 길이에 비례해서 고정되기도 하고 분산

25

되기도 한다는 것입니다. 한 가지 유의해야 할 점은 그렇다고 롱 테이크로 촬영된 영상이 미학적으로 반드시 더 우위에 있다고 생각해서는 안 된다는 것입니다. 각기 장면에 따라 효과적으로 사용될 뿐이고 나름대로의 장점과 단점이 존재한다고 이해해야 합니다.

롱 테이크 촬영기법은 크게 두 가지 경향으로 분류할 수 있습니다. 첫째, 카메라를 삼각대에 고정시킨 채 대상을 촬영하는 경우로서 화면의 구도와 회화성을 강조하려 할 때 많이 사용됩니다. 한국영화 중 대표적인 예는 〈서편제〉(1993)의 약 5분 40초에 달하는 진도아리랑 시퀀스입니다.

아버지 유봉(김명곤 扮)은 아들 동호(김규철 扮)가 북 장단을 제대로 치지 못하는 것에 불같이 화를 냅니다. 딸 송화(오정해 扮)가 판소리를 열심히 배우는 것에 비해 아들 녀석은 늘 기대에 미치지 못하지요. 설상가상으로 악단과의 불화로 인해 세 가족은 하루아침에 쫓겨나게 됩니다. 이어지는 장면에서 카메라는 고정된 위치에서 청산도의 구불구불한 돌담길을 따라 내려오는 세 인물을 담아냅니다. 인물들이 후경에서 중경으로 이동하는 순간부터 아버지 혼자 진도아리랑을 부르기 시작합니다. 아들과 딸은 그저 묵묵히 걷기만 하고 아버지의 가락은 스산한 바람 소리와 어우러지기 시작합니다. 그런 아버지가 안쓰러웠는지 딸 송화가 아버지의 가락에 뒤를 이어 구성지게 판소리를 부르고 아버지가 이에 화답합니다. 그러나 여전히 아들 동호는 진도아리랑 가락에 동참

[사진6] 〈서편제〉 진도아리랑 시퀀스

비밀번호: amormundi

하지 않죠. 인물들이 중경에서 전경으로 접어들 무렵부터 드디어 동호가 등에 메고 있던 북을 풀어 가락에 동참합니다. 이제 이들의 가락은 춤사위와 더불어 완벽하게 함께 어우러집니다. 인물들의 모습이 전경에 위치하자 이제 이들의 얼굴에 피어나는 미소가 보이기 시작하면서 관객은 갈등과 반목으로 점철되었던 이들의 사이가 다시 화목한 가족으로 거듭날 수 있을 것이라는 희망을 느끼게 됩니다. 감독은 관객에게 가족의 화합을 자랑이라도 하는 것처럼 전경 가득 이들의 한바탕 신명을 화면 오른쪽으로 퇴장할 때까지 오랜 시간 동안 담아냅니다. 롱 테이크가 끝나고 이어지는 장면은 왼쪽에서 등장하는 한겨울 복장의 가족들의 모습입니다. 롱 테이크 내내 관객에게 늦가을의 정취를 충분히 보여주었기 때문에 영화적 시간의 흐름을 롱 테이크 기법을 이용해 자연스럽게 표현해낼 수 있었던 것이죠. 이렇게 소리와 영상의 이상적인 조합을 보여준 〈서편제〉의 진도아리랑 시퀀스는 고정된 카메라를 사용하더라도 충분히 화면의 단조로움을 극복할 수 있다는 인상적인 예를 보여줍니다.

이렇듯 정적인 느낌을 강조하는 롱 테이크의 대부분은 롱 숏(long shot)과 결합하는 경우가 대부분입니다. 공간적으로 멀리 그리고 많이 보여주는 롱 숏과 시간적으로 길고 오래 보여주는 롱 테이크가 결합하면 관객은 충분히 긴 시간 동안 여유롭게 선택적으로 장면을 음미하며 인식할 수 있기

☞ **신(scene)과 시퀀스(sequence)**

- 신은 숏이 여럿 모여 더 큰 단위를 이루는 영화의 시간 단위 중 하나입니다. 신은 동일한 장소와 동일한 시간 내에서 진행되는 하나의 숏이나 여러 개의 숏이 모여 만들어집니다. 예를 들어 같은 저녁 시간대 동일한 포장마차에서 촬영된 많은 숏들이 모이면 포장마차 신이 되는 것이죠. 보통 한 편의 영화에서 사용되는 숏의 수는 약 3,000~4,000개이고 신은 약 120개 내외로 구성됩니다.

- 시퀀스는 여러 개의 다른 신들로 구성된 가장 큰 영화 구성단위로서 장소, 액션, 시간의 연속성을 통해 하나의 이야기가 시작되고 끝나는 구성단위를 말합니다. 예를 들어 추격 시퀀스는 여러 추격 신들이 모여 하나의 에피소드가 완성되는 것이죠. 영화 한 편은 보통 25개 내외의 시퀀스로 이루어집니다.

- 정리해보면 영화의 구성단위는 아래 그림과 같습니다.

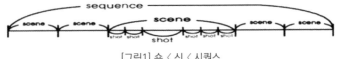

[그림1] 숏 〈 신 〈 시퀀스

때문입니다. 간혹가다 롱 숏과 롱 테이크를 혼동하는 분들을 보곤 합니다. 공간적인 의미로 사용되는 롱 숏과 시간적인 의미로 사용되는 롱 테이크 모두 영어 'long'으로 표기되기 때문인데요. 한자로 표기하면 보다 쉽게 구별할 수 있습니다. 롱 숏의 롱은 한자로는 멀원(遠)으로 표기할 수 있고 롱 테이크의 롱은 길장(長)에 해당합니다.

이광모 감독의 〈아름다운 시절〉(1998)의 엔딩 시퀀스는 롱 숏과 롱 테이크의 결합이 어떤 시너지 효과를 보여주는지에 대한 뛰어난 예시입니다. 영화의 마지막 엔딩 장면은 몰

☞ **전경(foreground), 중경(middleground), 후경(background)**
영화에 입체감을 주는 화면상의 세 범위를 말합니다. 카메라로 포착하는 영상은 2차원이기에 3차원의 효과를 내려면 피사체를 전경, 중경, 후경으로 분명히 나누어 화면에 깊이감을 줘야 합니다. 전경은 카메라에 가장 가까이 있어 제일 세밀하게 묘사되는 촬영 범위입니다. 즉 관객을 기준으로 화면상에서 가장 가깝게 보이는 부분이죠. 그래서 근경(近景)이라고도 합니다. 전경은 관객의 시선이 집중되는 공간이므로 보통 주된 대상이나 인물이 놓입니다. 나머지 중경은 화면의 중간 부분, 후경은 가장 뒷부분을 말하겠죠. 그래서 원경(遠景) 또는 배경(背景)이라고도 합니다. 이 세 화면 범위는 특히 딥 포커스 기법을 이해하는 데 있어 중요한 요소입니다.

[사진7] 전경(前景), 중경(中景), 후경(後景)

[사진8-1] 〈아름다운 시절〉의 엔딩 시퀀스(01:53:51~01:57:45)

락한 최씨(안성기 扮)네 가족이 우마차에 짐을 싣고 새로운 삶을 찾아 산자락을 굽이굽이 내려와 떠나가는 모습을 멀고 긴 호흡으로 보여줍니다. 카메라는 롱 숏으로 마을을 떠나는 최씨 일가를 보여준 후 산굽이를 돌고 돌아 길게 펼쳐진 꼬부랑길을 오르는 가족의 모습을 진중한 대금소리와 함께 거의 보이지 않을 때까지 포착합니다. 영화를 보는 내내 관객의 가슴을 계속해서 먹먹하게 했던 감정선을 관객 스스로 정리하고 추스를 수 있는 시간을 충분히 제공한 것이지요. 〈아름다운 시절〉은 여타의 다른 영화들처럼 격렬했던 좌우 이데올로기의 대립을 직접적이고 자극적으로 다루지 않습니다. 대신 관조적이며 회상하듯, 성찰하듯 만든 작품에 가깝지요. 그럼에도 불구하고 그 어떤 영화보다 한국전쟁의 참상과 상흔을 꿰뚫어 볼 수 있었던 이유는 절제된 롱 숏과 유장한 호흡의 롱 테이크가 결합된 서정적인 미장센에 있습니다.

고레에다 히로카즈 감독 역시 롱테이크 엔딩을 통해 영화의 여운을 관객에게 지속시키는 특별한 연출력을 보여줍니

[사진8-2] 〈그렇게 아버지가 된다〉의 엔딩 시퀀스(01:55:39~01:58:17)

다. 히로카즈 감독은 '상업영화'와 '예술영화'의 경계를 넘나들며 매 작품마다 가족에 대한 깊은 성찰을 자신만의 시각으로 펼치며 작품성과 대중성을 겸비한 일본을 대표하는 감독입니다. 〈디스턴스〉(2001), 〈아무도 모른다〉(2004), 〈그렇게 아버지가 된다〉(2013), 〈바닷마을 다이어리〉(2015), 〈어느 가족〉(2018)까지 칸 영화제 경쟁 부분에만 다섯 번 초청되었고 그중 〈아무도 모른다〉는 남우주연상을, 〈그렇게 아버지가 된다〉는 심사위원상을, 그리고 〈어느 가족〉으로 황금종려상까지 수상하면서 명실공히 아시아 최고의 감독 중 하나로 인정받게 되었습니다. 그의 작품 중 〈그렇게 아버지가 된다〉의 엔딩 시퀀스를 보면서 이번에는 롱 테이크와 줌 아웃(zoom out)이 만나면 어떤 효과를 줄 수 있는지 알아보겠습니다.

〈그렇게 아버지가 된다〉는 6년간 키운 아들이 자신의 친자가 아니고 병원에서 바뀐 아이라는 것을 안 두 가정을 통해 아버지의 존재와 가족의 의미를 그리고 있습니다. 극명하게 서로 다르게 살아온 두 가족이 만나고 "낳은 정이 먼저냐? 기른 정이 먼저냐?", '출생의 비밀'이라는 시시콜콜하고 진부한 상황들이 펼쳐지지만 감독은 섬세하지만 떠들썩하지 않게 담담하지만 자극적이지 않게 자연스레 물 흐르듯이 이야기를 전개해 나갑니다. 영화는 수많은 시행착오를 겪으며 진정한 부성애를 깨달아가는 주인공 료타의 모습을 관객이 동감할 수 있게 감정선을 강요하지 않고 최대한 관객에게 맡깁니다. 영화의 말미. 진정한 가족의 의미를 깨달은 두 가족이 전파상 앞에 모이고 함께 안으로 들어갑니다. 카메라는 이 모습을 급격하지 않은 리듬으로 천천히 줌 아웃하며 뒤로 한 발짝 물러나줍니다. 뒤로 빠져주는 만큼 이제 화면에는 전파상이 위치한 석양이 지는 고즈넉한 마을이 시야에 들어오고 영화의 잔잔한 여운이 엔딩 크레딧과 함께 깊게 지속됩니다. 이렇게 물러서주는 관조적인 긴 호흡 덕분에 이제 관객은 넘어지지만 다시 일어서서 상처를 툭툭 털고 누군가의 아버지와 어머니가 되어가는 혹은 되어갈 준비를 하는 자신의 모습을 발견하게 됩니다.

히로카즈 감독은 〈걸어도 걸어도〉(2008)와 〈태풍이 지나가고〉(2016) 말미에서도 비슷하게 롱 테이크를 사용합니다. 성묘를 마치고 비탈길을 내려가는 아들 가족의 모습과 지하철역으로 천천히 사라져가는 아버지의 뒷모습을 관조하듯이 바라봄으로써 영화의 여운을 길게 해주고 있지요. 독자 여러분이 한번 직접 보시고 〈그렇게 아버지가 된다〉와 어떻게 미세하게 다른 여운을 주고 있는지 비교해보기 바랍니다.

그렇다고 롱 테이크로 촬영한 영상이 항상 정적이고 느린 느낌만을 주는 건 아닙니다. 현대 영화에서는 오히려 카메라가 인물이나 대상을 따라 끊임없이 움직이면서 촬영하는 유형이 더 많이 사용되고 있습니다. 이러한 롱 테이크 촬영기법의 두 번째 경향은 카메라 움직임을 통해 역동성과 리듬감을 중시하고자 할 때 많이 사용됩니다. 첫 번째 롱 테이크 경향과 기법상은 같은 것이지만 그것이 지니는 느낌은 확실히 다르게 전달되죠. 빠르게 진행되는 사건과 이를 따라가는 크레인(Crane), 달리(Dolly), 스테디 캠(Steady Cam)의 역동적인 움직임이 결합되어 롱 테이크 화면이지만 결코 리듬이 늘어지지 않습니다. 오히려 커트 없이 연속적으로 이어지는 장면의 유동성으로 인해 긴장감은 극대화됩니다.

먼저 오손 웰즈(Orson Welles) 감독의 〈악의 손길 Touch of Evil〉(1958)을 통해 크레인을 이용한 롱 테이크 기법이 얼마만큼 역동성과 긴장감을 만들어낼 수 있는지 알아보기로 하죠. 특히 약 3분 20초 동안 펼쳐지는 〈악의 손길〉의 오프닝 장면은 할리우드 역사상 가장 유려한 카메라 움직임 중 하나로 평가받는 명장면입니다.

영화는 한 남자가 시한폭탄의 타이머를 조작하는 장면을 클로즈업으로 보여주면서 시작합니다. 암살대상인 건설업자가 다가오는 것을 본 그 남자는 자동차 트렁크에 몰래 시한폭탄을 설치하려 화면 오른쪽으로 이동하고 카메라는 남자

☞ **크레인(Crane), 지미집(Jimmy jib), 달리(Dolly), 스테디 캠(Steady Cam)**

- 영화에서 사용되는 크레인은 카메라를 수직·수평 등 여러 방향으로 광범위하게 이동시킬 수 있는 장치를 말하며 붐(boom)이라고도 합니다. 크레인의 한쪽 편 위에는 촬영감독이 카메라와 함께 자리 잡고 반대편에서 스텝이 지렛대를 눌러주면 카메라가 수직상승하는 것이죠. 영화기술이 발달하면서 최근에는 크레인을 소형·경량화 시킨 지미집(Jimmy jib) 장비를 많이 사용합니다. 촬영기사가 함께 탑승하는 크레인과 다르게 지미집은 리모컨으로 촬영을 조정할 수 있는 무인 카메라입니다. 좁은 공간을 촬영할 때 크레인보다 효과적이겠죠. 크레인 숏은 이렇게 크레인이나 지미집을 이용해 상하전후좌우로 자유롭게 움직이면서 촬영한 이동화면을 말합니다.

- 달리는 삼각대를 포함한 카메라 전체를 바퀴 혹은 레일이 깔린 탈것에 실은 채로 이동촬영을 하는 것을 말합니다. 크기나 설비의 정도에 따라 종류가 다양하고 트래킹(tracking)이라고도 합니다. 달리를 이용해 촬영한 화면은 입체감과 운동감이 두드러진다는 특징이 있습니다. 최근에는 이와 유사한 효과를 얻을 수 있는 스테디 캠이 많이 사용됩니다. 스테디 캠은 카메라를 삼각대에 고정시키지 않고 핸드헬드(handheld; 들고 찍기)로 촬영할 때 카메라가 흔들리는 것을 방지해 주는 장치로서 레일을 설치하기가 힘든 좁은 골목이나 계단 등에서 사용하면 달리를 사용한 이동촬영과 유사한 효과를 얻을 수 있습니다.

[사진9] 〈악의 손길〉 오프닝 시퀀스

비밀번호: amormundi

의 그림자를 쫓는 것처럼 수평으로 완만히 움직입니다. 이 사실을 모르는 건설업자가 자신의 연인과 함께 차를 타고 주차장을 빠져 나가는 장면을 신속히 수직으로 상승한 카메라가 잡아내죠. 왼쪽에서 오른쪽으로 움직이는 차의 이동방향에 따라 크레인도 천천히 아래로 내려오며 교차로에 접어든 차를 포착합니다. 이때부터 관객의 아드레날린은 분비되기 시작하며 화면의 긴장감은 고조되기 시작하죠. 왜냐하면 처음 암살자가 시한폭탄의 타이머를 3분 후에 터지도록 맞추는 장면을 화면 가득 보여주었으니까요. 차가 교차로에 멈춰 경찰관의 신호를 기다리는 동안 카메라는 뒤로 빠져 거리의 전경을 보여줍니다. 차가 다시 출발하고 건널목에 멈춘 순간 화면 오른쪽에서 영화의 주인공인 멕시코 마약 수사관(찰턴 헤스턴 扮)이 부인과 함께 걸어오기 시작합니다. 이때 카메라는 잠시 폭탄이 설치된 차를 화면 밖으로 내보내고 대신 거리를 걷고 있는 수사관 부부를 집중적으로 따라갑니다. 마치 폭탄이 설치된 차와 이들 부부의 운명은 전혀 별개인 것처럼 보이기 위해서죠. 하지만 그것도 잠시, 프레임 밖에 있던 문제의 차가 이번에는 부부의 뒤를 따라오기 시작합니다. 화면 중앙을 기준으로 오른 측면에는 부부의 모습을 좌측면에는 차를 배치시키면서 말이죠. 벌써 예정된 3분이 점점 다가오면서 관객의 긴장감은 점점 증폭되기 시작합니다. 멕시코와 미국 사이의 국경 검문소에 도착하면 영화의 첫 대사가 시작하고 관객은 주인공의 직업이 마약 수사관이고 이들 부부가 막 결혼했다는 추가 정보를 얻게 됩니다. 대사가 진행되는 동안 폭탄이 설치된 차량을 중심으로 국경 검문소 직원과 부부의 대화가 이어집니다. 대화가 끝나고 수사관 부부가 좌측 거리로 빠져 나갈 때 검문소 직원에게 차에 있던 여성이 시계소리가 들린다는 얘기를 합니다. 그러나 아무도 이 말을 귀담아 듣지 않고 차는 유유히 프레임 밖으로 사라지죠. 카메라는 다시 거리를 걷는 부부에게 초점을 맞추고 신혼부부의 달콤한 키스 장면을 클로즈업으로 보여줍니다. 키스하는 순간 멀리서 차량의 폭발음이 들려옵니다. 깜짝 놀란 부부의 얼굴을 보여준 후 화면은 잠시 차량이 폭발하는 모습을 아주 짧게 삽입화면(insert shot)으로 보여줍니다. 카메라는 다시 놀란 부부가 사고 현장으로 달려가는 장면을 속도감 있게 따라가면서 영화의 롱 테이크는 종료됩니다. 이러한 오프닝 롱 테이크 장면에서 보여준 카메라의 속도와 공간을 활용하는 기술적인 완성도는 당시로서는 전례가 없을 정도의 미학적 혁명을 보여주었다는 평가를 받았습니다. 특히 거리를 걸어가는 수사관 부부와 시한폭탄이 장치된 차를 타고 가는 사업가 커플을 시·공간의 단절 없이 계속적인 카메라 움직임을 통해 보여준 시도는 관객의 극적 긴장감을 증폭시킨 것과 동시에 인물의 소개와 영화의 시발이 되는 사건을 매우 유기적으로 결합시킨 대표적인 사례라고 할 수 있습니다.

〈악의 손길〉의 카메라의 역동성이 주로 서스펜스를 강화시키려는 목적으로 사용된 반면 〈라라랜드〉(2016)의 오프닝 장면에서 사용된 지미집과 롱 테이크의 결합은 역동적이면서도 환상적인 순간을 관객에게 효과적으로 전달합니다. 고전 할리우드 시대와 재즈에 대한 향수를 뮤지컬 형식으로 그리고 있는 〈라라랜드〉는 기존 뮤지컬 영화와는 차별화되는 뭔가 색다른 오프닝이 필요했을 겁니다. 옛 노스탤지어를 추억하지만 참신하면서도 진부하지 않은 새로운 감수성으로 관객에게 다가가고 싶은 거지요. 비유하자면 1980년대 즐겼던 전자오락실의 고전게임을 최신 그래픽카드와 화려한

☞ **삽입화면(insert shot)**
특정 액션이나 상황을 자세히 설명하거나 강조하기 위해 영상적인 세부 묘사를 삽입하는 것을 말합니다. 보통 클로즈업(접사; 接寫)을 세부화면으로 많이 사용합니다.

[사진9-1] 〈라라랜드〉의 오프닝 시퀀스(00:00:40~00:05:51)

LCD 조명이 내장된 레트로 게임기에서 해 보고 싶은 욕구라고 할까요? 그래서 선택한 것이 크레인보다는 조금 더 자유롭고 섬세한 움직임이 가능한 지미집의 사용입니다.

지미집에 장착된 카메라는 청명한 하늘을 보여준 후 서서히 아래로 내려옵니다. 차들로 꽉 막힌 L.A.의 고속도로는 보기만 해도 짜증이 확 밀려오죠. 카메라는 왼쪽에서 오른쪽으로 빠르게 패닝하며 막힌 차 안에서 하염없이 기다리는 다양한 사람들을 보여줍니다. 어디선가 희미하게 들려오던 노랫소리가 점점 커지더니 드디어 〈라라랜드〉 하면 떠오르는 주제곡 중 하나인 "Another Day of Sun"의 선율이 흘러나오기 시작합니다. 카메라는 선글라스를 쓴 어느 여성 운전자를 클로즈업으로 잡아내면서 이때부터 본격적으로 노래와 춤이 어우러지는 뮤지컬이 시작됩니다. 사람들이 하나둘씩 자동차에서 나와 신나게 춤을 추고 그 동선에 맞춰 카메라는 변화무쌍하게 이동합니다. 뒤로 물러났다가 멈추기도 하고 인물들의 움직임에 따라 왼쪽과 오른쪽으로 패닝을, 위에서 아래로의 틸팅을 자유롭게 구사합니다. 어느 순간 카메라는 아주 빠르게 180도 패닝을 하며 고속도로의 반대편에 위치한 군중들을 잡아냅니다. 공간이 확장되는 순간이죠. 자세히 보지 않으면 마치 하나의 화면처럼 느껴집니다만 사실 교묘하게 숏과 숏을 연결시키기 위한 재치 있는 트릭이라고 할 수 있습니다. 그런데 우리는 잘 인지하지 못합니다. 바로 앞 장면에 나왔던 노란색 의상을 입은 여성이 화면 앞으로 빠르게 연이어 등장하기 때문이죠. 이제부터는 말 그대로 축제의 장이 펼쳐집니다. 트럭 뒷문에서 퍼크션과 콘트라베이스를 연주하는 미니 악단이 등장하며 사람들은 흥겹고 즐거운 리듬에 자신의 몸을 맡기기 시작합니다. 카메라의 동선과 음악의 리듬이 혼연일체가 되는 순간입니다. 또 한 번의 180도 패닝으로 공간이 변화된 후 수많은 사람들이 차 위로 올라가 자유로우면서도 아름다운 군무를 보여주는 마법 같은 순간이 펼쳐집니다. 꽉 막힌 고속도로에서 펼쳐지는 판타스틱한 군무는 일상생활에 지친 관객에게 멋진 해방감을 안겨주기에 충분합니다. 음악이 정리가 되면서 춤을 추던 수많은 인파들이 약속이나 한 듯 차안으로 들어가며 화려한 군무는 종료됩니다. 분위기가 완전히 바뀌며 카메라는 위에서 아래로 내려온 후 이번에는 남자 주인공과 여자주인공의 첫 만남을 아주 자연스럽게 연결시키면서 오프닝 시퀀스는 종료됩니다. 흥겨운 음악과 역동적인 리듬 그리고 화려한 색감이 완벽한 조화를 이룬 약 4분여에 걸친 오프닝 시퀀스는 이후 펼쳐질 별들의 도시 '라라랜드'의 이야기에 깊이 빠져들게 만듭니다.

[사진9-2] 〈마더〉의 오프닝과 엔딩 시퀀스(00:01:15~00:03:30; (02:01:43~02:03:32)

한편 봉준호 감독의 〈마더〉(2009)의 오프닝 시퀀스는 롱 테이크 기법이 때로는 은유적, 상징적으로도 훌륭하게 사용 될 수 있다는 점을 잘 보여줍니다.

화면 가득 메마른 갈대와 억새풀이 바람에 흔들리는 들판 을 배경으로 한 중년 여인이 화면 속으로 천천히 걸어 들어 옵니다. 크레인 카메라는 이런 그녀를 좌우로 천천히 따라가 고 여인이 화면 중앙에 멈추자 함께 고정됩니다. 여인은 타 악기와 기타 선율이 어우러진 음악에 맞춰 춤사위라기엔 조 금 엉성하게 몸을 흔들기 시작합니다. 여인은 카메라를 정면 으로 응시하지만 관객은 그 표정에서 뚜렷한 감정을 읽을 수 가 없습니다. 웃는 것 같기도 하고 우는 것 같기도 하고 어딘 가 모르게 실성한 사람 마냥 몸을 흐느적대기 때문입니다. 크레인은 살짝 광기까지 느껴지는 여인의 춤사위를 좌에서 우로의 패닝과 위에서 아래로의 틸팅으로 미세하지만 유려 하게 담아냅니다. 이어지는 다음 장면에서 여인이 화면 중앙 을 바라보며 영화의 타이틀이 노출됩니다. 이때 주의 깊게 여성을 보면 왼손을 옷 속으로 감추고 있다는 것을 알 수 있습니다. 구체적으로 무엇을 감추고 있는지는 알 수 없지만 관객은 앞에서 본 정체를 알기 힘든 춤사위와 감춘 손을 통해 앞으로 펼쳐질 이야기가 무언가를 숨기고 은폐하는 내용이 이어질 것임을 추측할 수 있게 됩니다. 실제로 영화를 끝까지 본 관객이라면 엄마의 저 춤사위가 아들의 살인 장면을 지켜본 유력한 목격자를 살해한 직후라는 것을 알게 되죠. 이렇듯 〈마더〉의 오프닝은 살인사건의 용의자가 된 아들과 그 아들의 결백을 증명하기 위해 고군분투하는 엄마의 극단적인 모성이라는 영화의 줄거리를 함축적으로 상징하고 있습니다. 흥미로운 점은 영화의 엔딩 장면에서 오프닝에 나왔던 같은 음악에 맞춰 여인이 또 한 번 춤을 춘다는 것입니다. 이번에는 들판이 아닌 관광버스 안이라는 점과 혼자가 아닌 동네 아주머니들과 함께 춘다는 점이 이색적입니다. 영화 내내 그토록 강조하던 허벅지 혈자리에 침을 놓은 후 여인은 음악에 맞춰 후경의 노을을 배경으로 버스의 뒷자리에서 앞자리를 향해 흐느적거리며 춤을 추며 나아갑니다. 이번에는 크레인 대신 핸드헬드의 흔들리는 영상으로 인파속에 정신없이 섞이는 여인을 포착합니다. 엔딩의 춤사위는 오프닝과 비교해서 그 광기의 정도가 더 심하다고 할 수 있을 정도로 이성의 끈을 놓은 듯 보입니다. 역시 영화를 본 관객이라면 이 춤사위는 아들이 자신의 살인을 안다는 것에 충격을 받은 상황 직후라는 것을 알게 되죠. 이렇게 오프닝과 엔딩에 같은 음악과 춤을 보여주는 수미쌍관(首尾雙關)식 구조는 살인에 대한 기억을 되짚어가다가 결국 스스로 살인자가 되어 그 모든 기억을 지우려 하는 엄마의 치열한 내적 갈등을 상징적으로 풀어내는 데 일조합니다.

라즐로 네메스 감독의 〈사울의 아들〉(2016)의 오프닝 장면은 핸드헬드의 흔들리는 영상과 롱 테이크가 만나 현장감을 증폭시킨 대표적인 예시입니다. 〈사울의 아들〉은 홀로코스트(Holocaust)를 소재로 한 영화로서 아우슈비츠 수용소에서 시체들을 처리하기 위한 유대인 작업반인 존더코만도에 속한 한 남자의 이야기입니다. 주인공 사울은 어느 날 자신의 아들과 꼭 닮은 죽은 소년을 발견합니다. 사울은 소년의 장례를 치러 주기 위해 몇 번의 죽을 고비를 넘기면서도 포기하지 않는 모습을 보여줍니다. 〈사울의 아들〉은 기존의 홀로코스트를 배경으로 하는 영화들과는 달리 사울이라는 한 인물의 개인사에 초점을 맞춰 참혹한 역사를 기술합니다.

초점이 맞지 않는 화면으로 시작하는 오프닝 시퀀스는 화면 중앙으로 주인공 사울이 빠르게 접근하면서 자연스럽게 클로즈업된 화면으로 전환됩니다. 등에 붉은 페인트로 X자가 칠해진 옷을 입은 사울을 제외하고 수용소로 끌려가는 많은 유대인들의 모습은 철저하게 초점이 맞지 않게 흐릿하게 처리됩니다. 핸드헬드로 촬영된 영상은 시종일관 사울의 얼굴을 클로즈업 한 채 그의 동선을 따라 함께 이동합니다. 사울의 움직임을 담은 영상은 매우 심하게 흔들리죠. 스테디캠의 안정된 영상과는 또 다른 핸드헬드의 거친 느낌이 고스

[사진9-3] 〈사울의 아들〉 오프닝 시퀀스(00:01:44~00:08:12)

란히 관객에게 전달됩니다. 이 흔들림은 다분히 의도된 움직임입니다. 독일군에게 무참히 구타당하며 참혹하게 수용소로 끌려가는 현장감을 살리기 위한 장치인 것이죠. 카메라는 사울의 얼굴을 정면으로 잡다가 때로는 측면에서, 때로는 뒷모습을 따라 열차에서 수용소 내부로 이동합니다. 독일군과 부딪힌 사울이 갑자기 모자를 벗으면서 목례를 하는 장면을 통해 사울이 속한 존더코만도 작업반이 대략 어떤 일을 하는지를 관객에게 인지시켜 줍니다. 이제 카메라는 실외에서 실내로 진입합니다. 실내입구로 쏟아져 들어가는 수많은 유대인들의 모습을 사울은 멈춰 무덤덤하게 지켜봅니다. 사울은 입장이 끝나자 급히 문을 닫고 화면에는 칠흑 같은 암전이 엄습합니다. 이 암전을 이용해 영화는 다른 숏으로 자연스럽게 전환됩니다. 이런 점에서 〈사울의 아들〉의 롱 테이크 오프닝 시퀀스는 엄밀히 말해 두 개의 숏으로 구성되어 있다고 할 수 있습니다. 사울이 어둠을 뚫고 밝은 실내로 들어가며 두 번째 롱 테이크가 시작됩니다. 밝은 실내에는 옷걸이들이 걸려 있고 그 속에서 독일군들의 안내에 따라 모든 유대인들이 남녀노소 가리지 않고 옷을 탈의합니다. 독일군들은 옷을 벗는 이유를 설명하여 혼란에 빠진 유대인들을 안심시키려고 합니다. 수용소의 모든 유대인들은 좋은 보수를 받으며 귀중한 인력으로 대우 받을 것이며 샤워를 하고 난 후 따뜻한 수프가 기다린다고 설명합니다. 계속해서 흔들리는 카메라는 라울의 뒷모습과 앞모습을 번갈아 보여주며 옷을 벗는 유대인들을 보여주지만 초점이 흐릿하기 때문에 이들의 형체만이 보입니다. 사울은 담담하고 무표정한 얼굴로 이들의 탈의를 도와줍니다. 또 다른 문이 열리고 유대인들은 샤워실로 차례로 들어갑니다. 이들의 뒷모습을 지켜보는 사울의 모습을 카메라는 근접 촬영하며 따라갑니다. 샤워실의 문이 닫히자마자 사울은 매우 분주하게 옷걸이에 걸어둔 유대인들의 옷을 바닥에 던져버립니다. 샤워실로 들어간 유대인들이 자신의 옷을 더 이상 입지 못한다는 것을 잘 알고 있기 때문이죠. 그렇습니다. 그곳은 샤워실이 아니라 저 악명 높은 아우슈비츠의 가스실이었던 겁니다. 사울을 비롯한 존더코만도들은 샤워실 문에 어깨를 기댄 채 안에서 들려오는 비명소리를 이미 익숙한 듯 괴로워하지도 않으며 담담하게 듣습니다. 그 흔한 배경음악도 흐르지 않습니다. 가스실 기계가 돌아가는 소음과 피를 토하듯 들려오는 절규 그리고 독일군의 명령 소리만이 거친 음향으로 전해집니다. 아마도 지옥이 있다면 바로 이곳이겠죠. 처절한 비명이 최고조로 들리면서 화면은 암전되며 영화의 타이틀이 나타납니다.

약 7분 동안의 롱 테이크 장면을 보고 난 대부분의 관객은 약간의 현기증을 느끼며 심한 정신적 충격을 받게 됩니다. 첫 번째 이유는 핸드헬드로 인한 화면의 흔들림 때문이며, 두 번째 이유는 영상이 관객에게 직접 행위에 참여하고 있다는 느낌을 제공하기 때문입니다. 마치 내가 가스실에 끌려가는 유대인이 된 것 같은 혹은 그들의 비명을 바로 곁에서 듣는 사울이 된 것 같은 착각이 들 정도로 핸드헬드로 촬영된 영상으로 인해 참혹한 현장이 더 생생하게 다가오게 되는 것이죠. 감독은 이런 현장감과 몰입감을 높이기 위해 107분여에 달하는 상영시간 중 대부분을 3~4분에 이르는 핸드헬드 롱 테이크 촬영으로 영화를 구성했습니다. 실제로 〈사울의 아들〉에 사용된 숏은 약 85개로 일반적인 상업영화의 평균 숏 수인 3,000~4,000개에 비해 매우 적은 숏으로 구성되어 있습니다. 이 모두가 사울의 시선을 통해 홀로코스트의 참상을 관객에게 보다 생생하게 전달하고 싶은 감독의 매우 독창적인 시도라고 할 수 있습니다.

이번에는 스테디 캠을 사용한 롱 테이크의 예를 알아보죠. 브라이언 드 팔마(Brian De Palma) 감독의 〈스네이크 아이즈 Snake Eyes〉(1998)는 크레인을 이용한 이동촬영과는 또 다른 스테디 캠만의 독특한 역동성과 리듬감을 약 12분 34초에 달하는 오프닝 롱 테이크 장면을 통해 보여줍니다.

영화는 권투 경기장 외부에서 엄청난 폭풍우 속에 시합의

[사진10] 〈스네이크 아이즈〉 오프닝 시퀀스

비밀번호: amormundi

분위기를 전하는 리포터의 방송부터 시작합니다. 리포터의
중계가 끝나갈 무렵 카메라는 왼쪽으로 서서히 이동합니다.
그런데 이상하게도 방금까지 경기장 외부의 모습이었는데
바로 왼쪽 모니터에 경기장 내부의 모습이 보이기 시작하죠.
관객은 그제야 사실 이 화면이 실제 외부에서 촬영된 현장중
계가 아니라 경기장 외부와 내부를 비쳐주는 3대의 TV 모니
터 중 한 대를 촬영하고 있다는 것을 알게 됩니다. 아주 자연
스럽게 외부와 내부를 연결시키는 감독의 재기가 돋보이는
공간의 확장이라고 할 수 있죠. 그 후 카메라는 선수 대기실
을 향하는 주인공 릭(니콜라스 케이지 扮)의 동선을 따라 본
격적인 이동을 시작합니다. 릭이 선수 대기실을 가는 길은
수많은 계단과 좁은 터널로 이루어져 있습니다. 당연히 기존
의 크레인이나 달리를 가지고 이동촬영하는 것은 불가능하

겠죠. 이때부터 스테디 캠만이 가지고 있는 기동성이 빛을 발하기 시작합니다. 관객이 릭을 따라 경기장 곳곳을 누비고 다니는 듯한 착각이 들 정도로 카메라 동선은 한 치의 흐트러짐 없이 정확히 진행됩니다. 감독은 이 이동시간 역시 허투루 허비하지 않습니다. 계속해서 릭의 전화통화를 이용해 캐릭터에 대한 정보를 알려주죠. 이윽고 선수 대기실 앞에 도착한 릭은 누군가를 쫓아 이번에는 에스컬레이터를 타고 아래로 내려갑니다. 관객은 마약상의 돈을 갈취하는 릭의 모습을 통해 주인공이 부패한 형사임을 인지하게 되죠. 카메라는 이제 릭을 따라 경기장 관람석으로 이동합니다. 이제 관객은 경기장의 흥분한 관람객들을 생생하게 목격하게 되지요. 이때 갑자기 카메라는 왼쪽으로 180° 패닝하며 또 다른 주인공인 던 중령(게리 시니즈 扮)을 잡아줍니다. 관객은 두 인물의 대사를 통해 던은 경기장에 온 국방장관을 수행하는 경호대장이며 릭과 친구 사이임을 알게 됩니다. 카메라는 연달아서 영화의 주요 실마리를 풀어줄 주요 인물들을 좌우 패닝으로 잡아줍니다. 카메라는 링 주변을 한 바퀴 돈 후 자리에 앉은 릭과 던을 비춰줍니다. 재미있는 점은 정작 카메라는 메인 이벤트인 권투 경기는 전혀 보여주지 않고 오로지 릭과 그 주변에 있는 사람들에게만 온통 신경을 집중한다는 겁니다. 인물 한 명 한 명을 클로즈업으로 잡을 때마다 관객에게 유심히 관찰하라는 무언의 압박이 느껴집니다. 갑자기 던 중령이 의심이 가는 여성에게 접근하기 위해 오른쪽으로 이동합니다. 의문의 여성은 도주하고 그 뒤를 던이 쫓아갑니다. 카메라는 다시 자리에 앉아 있는 릭을 향해 180° 패닝을 하고 릭의 뒷자리에 앉아 있는 국방장관의 위치 주변을 클로즈업으로 보여줍니다. 그 사이 릭의 옆 자리에 의문의 여성이 자리를 잡고 국방장관과 비밀스러운 대화를 나눕니다. 관객에게 대화의 자세한 내용을 들려주는 대신 카메라는 정신없이 흥분한 릭의 모습과 수상한 관람객의 모습을 숨 가쁘게 번갈아가며 좌우 패닝으로 포착합니다. 곧 무슨 일이 터질 것 같은 급박한 긴장감이 발생 되는 순간입니다. 이때 의문의 전화 한통이 릭에게 걸려옵니다. 복도에서 만난 라운드 걸이 전화를 한 것이죠. 바로 이 순간 화면은 중계석의 장면과 라운드 걸의 모습을 인서트 숏으로 보여줍니다. 오프닝부터 이어져 오던 롱 테이크 숏은 여기서 중지되고 다시 릭으로 화면이 넘어오는 순간 날카로운 비명 소리와 함께 국방장관과 의문의 여인이 저격을 당합니다. 카메라는 아수라장으로 변한 경기장의 모습을 부감으로 보여주며 권총을 빼어들며 넘어지는 릭의 모습을 포착합니다.

사실 감독의 입장에서 위의 오프닝 장면을 일반적인 숏으로 촬영한 후 빠른 커팅을 사용해 편집으로 처리했다면 롱 테이크로 촬영하는 것보다 훨씬 쉽게 제작할 수 있었을 것입니다. 그래서 혹자는 감독의 롱 테이크 촬영을 두고 미학적 과시라고 폄하하기도 하죠. 그러나 전 세계 어느 감독도 배우와 스텝을 괴롭혀가며 자신의 미학적 허영심을 위해 희생시키는 연출은 하지 않습니다. 나름대로의 이유와 철학이 있기 때문에 어려운 시도를 하는 것이죠. 롱 테이크 촬영의 가치를 평가절하하는 시각은 미장센의 본질을 잘 못 알고 있기 때문이라고 볼 수 있습니다. 앞서 미장센 분석의 목적에 대해서 설명한 부분이 기억나시나요? "미장센 분석의 진정한 목적은 완성된 장면을 하나하나 분해해서 어떤 요소들이 기술적으로, 기계적으로 결합했는가를 분석하는 데 있는 것이 아니라 감독이 구성한 화면을 보면서 어떤 감정과 의미가 도출되었는지를 명확히 알아보는 데 있다."라고 설명했지요. 그렇습니다. 〈스네이크 아이즈〉의 역동적인 롱 테이크를 드

☞ **패닝(panning)과 틸팅(tilting)**

- 우리가 고개를 돌려 시각영역을 변화시키듯이 카메라의 움직임으로 스크린의 영상을 변화시키고 구도를 바꿀 수 있습니다. 카메라의 움직임 중 앞서 달리, 트랙킹, 크레인에 대해 알아봤으니 이번에는 팬과 틸트에 대해서 알아보겠습니다.
- 트라이포드(삼각대)로 카메라 몸체가 고정된 상태에서 카메라의 헤드 부분만 좌우로 움직이는 것을 팬이라 하고 상하로 움직이는 것을 틸트라고 합니다. 팬과 틸트에 동작을 나타내는 접미사 -ing를 붙이면 패닝과 틸팅이 되겠죠.

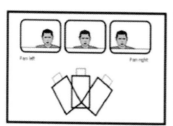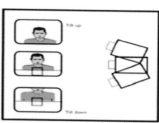

[그림2] 팬과 틸트

팔마 감독이 왜 사용했을까를 추적하는 것이 우리가 분석해야 할 진짜 목표입니다.

그 해답은 영화가 목격자들의 진술을 통해 사건의 진실을 맞춰나가는 퍼즐식 구조로 이루어져 있기 때문입니다. 국방장관이 살해당하고 암살범은 현장에서 던에게 사살 당하지만 남아 있는 공범을 수사하기 위해 경기장은 완전히 폐쇄됩니다. 릭과 던을 포함한 14,000명의 관람객이 모두 용의자 혹은 공범자 그리고 목격자가 되어버린 것이죠. 영화는 본격적으로 릭의 시선으로 주요 목격자들의 기억에 기초해 암살에 이르기까지의 과정을 되새김질합니다. 즉, 오프닝 장면에서 카메라에 의해 강조되었던 상황과 인물이 사건 해결의 결정적인 단서가 되면서 릭의 추리 과정과 유기적으로 연결되는 것이죠. 이런 이유로 감독은 스테디 캠을 이용한 롱 테이크를 통해 자연스럽게 등장인물들과 상황을 화면의 단절 없이 보여주면서 다소 현란한 패닝을 사용해 시점 이동을 했던 것입니다. 만약 롱 테이크가 아니라 빠른 숏 위주의 편집을 택했더라면 암살로 인한 극적 효과는 강조되었을지는 몰라도 정작 중요한 스릴러 장르의 긴장감은 제대로 살리지 못하지 않았을까요?

〈스네이크 아이즈〉의 역동적인 롱 테이크를 가능하게 해준 스테디 캠은 사실 다른 영화기술의 역사와 비교하면 초창기부터 사용된 장치는 아닙니다. 1976년 가렛 브라운(Garret Brown)이 처음 개발한 이후 〈마라톤 맨 Marathon Man〉

(1976)이나 〈록키 Rocky〉(1976) 등에서 사용되었지만 영화 전반에 걸쳐 스테디 캠의 장점이 부각된 것은 스탠리 큐브릭 감독의 〈샤이닝 The Shining〉(1980) 이후라고 볼 수 있습니다. 이런 의미에서 〈샤이닝〉에서 사용된 스테디 캠과 롱 테이크의 조합은 이후 많은 영화에 영감을 주게 됩니다.

〈샤이닝〉은 소설가인 잭(잭 니콜슨 扮)이 눈 속에 고립된 호텔 관리인이 되면서 자신의 아내와 아들을 살해할 정도로 미쳐가는 과정을 다루고 있습니다. 영화는 제어할 수 없는 폭력성으로 파멸되어 가는 주인공의 심리를 표현하기 위해 롱 테이크와 스테디 캠을 절묘하게 결합시킵니다. 〈샤이닝〉에서 사용된 유명한 장면은 영화 말미 광기에 사로잡힌 잭이 아들 대니를 죽이려고 눈 덮인 정원 미로 속을 쫓아가는 추적 시퀀스입니다. 아버지 잭을 피해 대니는 눈이 가득 쌓인 미로 속을 달리고 카메라는 숨 가쁘게 대니의 뒷모습을 따라갑니다. 이때 카메라의 시선은 잭의 1인칭 시점이 되어 관객으로 하여금 잭의 시선으로 대니를 쫓아가는 듯한 기분이 들게 합니다. 숏이 바뀌고 이번에는 카메라가 대니를 쫓아가는 잭의 정면을 바라보며 좁은 미로 속으로 후진을 합니다. 덕분에 관객은 이제는 쫓기는 대니의 시선으로 잭의 광기 어린 얼굴을 보며 극한의 공포를 느끼게 됩니다. 이러한 미로 추적 장면에서 스테디 캠 촬영 기법은 관객을 영화 안으로 몰입시키면서 아슬아슬한 스릴감과 공포감을 극대화하는 데 효과적으로 기여합니다. 물론 이 추적 시퀀스는 100% 롱 테

[사진10-1] 〈샤이닝〉의 롱 테이크와 스테디 캠의 결합(01:47:42~01:48:40)

이크만으로 구성된 장면은 아닙니다. 스테디 캠 롱 테이크 앞뒤로 컷 장면이 삽입되었죠. 이렇게 핸드헬드와는 달리 좁은 공간에서도 카메라가 흔들리지 않고 운동감과 입체감을 증대시키는 효과를 가진 스테디 캠은 이후 독창적인 미장센을 추구하는 감독들에 의해 자주 활용되게 됩니다.

한국영화 중 스테디 캠과 롱 테이크를 가장 뛰어나게 사용한 예 중 하나는 봉준호 감독의 〈살인의 추억〉(2003) 중 소위 '논두렁 신'이라고 불리는 현장 검증 시퀀스입니다.

논두렁에서 살인사건이 발생하고 주인공 박두만 형사(송강호 扮)가 현장 감식을 위해 고군분투하는 과정을 스테디 캠은 단 1초도 놓치지 않고 바짝 뒤따라갑니다. 현장은 그야말로 아수라장입니다. 박 형사가 중요한 단서가 될지 모르는 발자국을 발견하고 주변 순경에게 조심히 지켜보라고 당부하지만 비웃기라도 하듯이 경운기가 발자국을 밟고 지나가 버립니다. 어디 이뿐입니까? 시체로 발견된 피해자 주위로 아이들은 정신없이 뛰어 다니고 동네 주민들과 언론들은 누구의 제지도 없이 불난 집 지켜보듯 자유롭게 구경합니다.

[사진10-2] 〈살인의 추억〉 중 '논두렁 신'(00:06:44~00:08:44)

수사반장이라는 자는 비탈에서 넘어지지를 않나! 감식반은 부른 지가 한참 지나서야 덜렁 가방 하나 메고 넘어지며 등장합니다. 과학수사는 고사하고 수사의 기본인 현장 보존마저 지켜지기 힘든 그야말로 총체적 난국의 상황이 이어집니다. 스테디 캠으로 촬영된 2분짜리 롱 테이크는 이런 혼돈의 상황을 커트 없이 속도감 있게 잡아내면서 관객으로 하여금 영화 초반부 연쇄 살인사건의 현장으로 확 끌어당기는 엄청난 몰입감을 선사합니다. 논두렁 장면에서의 롱 테이크가 정말로 대단한 점은 영화가 말하고자 하는 주제를 인위적인 편집이 아닌 자연스러운 흐름 속에서 관객에게 고스란히 전달한다는 점입니다. 혼란으로 가득 찬 살인사건 현장의 모습을 통해 〈살인의 추억〉이 진짜 전하고자 했던 바는 단순한 범인 찾기가 아닌 1980년대 군부독재 시절 암울한 시대를 살아야 했던 부조리한 한국사회 전반을 반추하는 데 있습니다. 그런 의미에서 현장 검증 시퀀스는 화면 안의 움직임과 배우들의 즉흥적인 대사만으로도 당시 시대 상황을 효과적으로 전달했다고 볼 수 있습니다. 실제로 이 장면은 많은 인물들과 동선으로 얽혀 있기 때문에 상당히 힘들게 촬영했다고 하는데요. 거의 하루 종일 촬영이 계속 반복되면서 배우 송강호와 변희봉의 즉흥적인 대사 애드립이 조금씩 쌓여나가 장면이 완성되었다고 합니다.

롱 테이크 기법은 다른 미학적 요소와 마찬가지로 영화기술이 발전함에 따라 그 표현력도 더욱 진화하게 됩니다. 특히 영화에 CG(Computer Graphics)/VFX(Visual Special Effects; 시각 특수효과)가 본격적으로 도입된 후 예전에는 감히 시도조차 못했을 사실적인 영상이 창조되고 있죠. 가장 대표적인 예 중 하나가 알폰소 쿠아론(Alfonso Cuarón) 감독의 〈칠드런 오브 맨 Children of Men〉(2006)에 나오는 약 4분 27초에 달하는 차량 롱 테이크 신입니다. 이 장면은 영화 역사상 가장 기념비적인 롱 테이크 장면 중 하나로 기록될 만큼 경이로운 미학적 성취를 보여줍니다.

영화는 2027년 전 세계 모든 여성들이 정체를 알 수 없는 이유로 더 이상 임신이 불가능해진 디스토피아적 미래가 배경입니다. 전직 사회운동가 출신이었던 테오(클라이브 오웬 扮)는 옛 연인인 줄리엔(줄리언 무어 扮)의 부탁을 받고 유일하게 임신을 한 불법 이민자 소녀를 과학자들에게 인도하는 긴 여정에 오릅니다. 뜻을 같이하는 나머지 동료들과 함께 차로 이동 중인 테오와 줄리엔의 모습을 보여주면서 롱 테이크는 시작합니다. 카메라는 뒤쪽 오른편 창문에 기대어 졸고 있는 테오를 보여주며 서서히 운전석 쪽으로 이동합니다. 프

[사진11] 〈칠드런 오브 맨〉 차량 롱 테이크 신

비밀번호: amormundi

레임을 차에 타고 있는 5명의 인물들로 꽉 차게 구성함으로써 차 안이 매우 비좁음을 강조합니다. 조수석에 있던 줄리엔과 뒷자리의 테오는 평소 즐겨 놀았던 탁구공 입으로 옮기기 게임을 합니다. 카메라는 자연스럽게 왼쪽으로 패닝하며 두 남녀의 모습을 클로즈업으로 잡아냅니다. 그런데 카메라가 어떻게 이런 좁은 차 내부에서 전후좌우로 자유롭게 패닝을 할 수 있을까요? [사진11]에서 보다시피 카메라맨이 탈 수 있는 공간이 없고 운전석 앞에 카메라를 설치한다고 해도 이동촬영은 불가능합니다. 물리적으로는 설명이 되지 않는 장면이 끊어지지 않고 계속 이어집니다. 탁구공 옮기기 게임이 끝나자마자 테오의 옆자리에 앉아 있던 여성이 차의 운전석 방향을 가리키며 조심하라는 경고를 합니다. 카메라는 왼쪽에서 오른쪽으로 180° 패닝하며 불에 탄 자동차가 언덕에서 갑자기 떨어지는 모습을 보여주죠. 차는 멈추고 이때를 틈타 숲속에서 수십 명의 폭도들이 차를 습격합니다. 카메라는 당황하며 후진하는 운전수의 모습을 클로즈업으로 보여준 뒤, 이번에는 오른쪽으로 서서히 360° 회전하며 차의 후방부터 전방까지 포위한 폭도들의 공격을 잡아냅니다. 차 앞 유리창에 화염병이 던져지며 맹렬한 속도로 후진하는 자동차를 오토바이가 따라옵니다. 오토바이에서 발사된 총알이 줄리엔의 목에 명중하며 피를 쏟기 시작합니다. 말 그대로 아비규환의 상황이 이어지죠. 이 순간 카메라는 뒷좌석에 앉은 테오에 피가 튀는 장면을 보여주며 오토바이가 뒷좌석으로 빠르게 접근하는 속도감을 포착합니다. 당황한 테오가 뒷좌석 문을 열자 쫓고 있던 오토바이는 그 충격으로 운전석 앞 쪽으로 날아갑니다. 카메라는 좌우로 계속 회전하며 패닉에 빠진 차 내부의 상황을 생생히 전달합니다. 차는 다시 좌회전 후 전진하다가 뒤따라오는 경찰차의 검문에 걸립니다. 여권을 제시하라는 경찰의 요구에 차는 멈추고 경찰이 운전석 쪽으로 빠르게 접근합니다. 이때 또다시 믿기 힘든 카메라 움직임이 발견됩니다. 운전수가 차에서 내려 경찰관 2명을 사살하는 장면과 테오가 뒷좌석에서 내려 쓰러져 있는 경찰의 모습을 바라보는 숏을 시간 단절 없이 계속해서 보여주는 것이죠. 카메라는 이제 차 내부가 아닌 외부에서 신속히 도주하는 테오 일행의 차의 뒷모습을 보여 준 후 경찰관의 시체를 클로즈업으로 잡아내며 롱 테이크가 종료됩니다.

주의 깊게 보지 않으면 일련의 긴박했던 상황을 그린 영상이 한 번도 끊어지지 않고 롱 테이크로 촬영했다는 사실을 느끼지 못할 만큼 거의 완벽한 카메라 움직임과 앵글 구성을 보여줍니다. 그렇다면 감독은 왜 굳이 롱 테이크로 이 장면을 촬영하려고 했을까요? 주된 이유는 일련의 감정선을 끊지 않고 갑작스럽게 닥친 상황을 보여줌으로써 관객의 공포와 충격을 극대화시키고자 한 것으로 보입니다. 실제로 4분 27초 동안 많은 상반된 감정선들이 자연스럽게 펼쳐졌음을 알 수 있습니다. 초반의 지루하고 서먹한 감정이 탁구공 게임 후 유쾌함으로 변했다가 갑자기 참혹한 공포의 순간으로 변화하는 것을 흐름의 단절 없이 느낄 수 있으니까요. 이러한 물 흐르는 듯한 유기적인 감정선의 흐름은 컷을 사용한 편집으로는 구현하기 힘들었을 겁니다.

　그렇다면 물리적으로 촬영이 불가능한 이 영상을 어떻게 얻을 수 있었을까요? 해답은 바로 [사진 12]에서 보듯 촬영을 위해 특수개조한 차를 사용했기 때문입니다. 우선 차의 지붕을 제거한 후 그 위에 도기캠(doggy cam) 시스템의 스패로우 헤드(Sparrow head 400)라는 리모트 컨트롤 특수 촬영장비를 설치했습니다. 감독과 촬영감독은 차 지붕의 작은 공간에 탑승한 후 모든 장면을 원격으로 촬영할 수 있었습니다. 또한 차 주변에도 2명의 전문 운전수와 스텝을 배치하여 차의 전진·후진 움직임과 안정적인 앵글을 구현할 수 있었던 것이죠. 차 안에 있던 배우는 5명이었지만 이 장면을 위해 차에 탑승한 인력은 13명이었다고 합니다.

<칠드런 오브 맨>에는 위에서 설명한 차량 신에 버금가는 또 다른 기념비적인 롱 테이크가 등장합니다. 정부군과 저항군의 전투 장면을 스테디 캠으로 약 6분간 촬영한 장면 (Time Code: 01:23:51 ~01:30:10)입니다. 지면 관계상 자세히 분석하지는 못하지만 꼭 감상해 보기를 권합니다. 기왕 추천한 김에 현재 롱 테이크 미학을 두드러지게

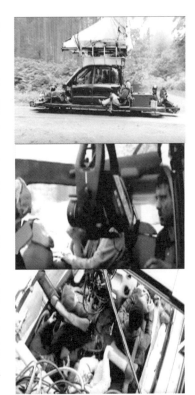

[사진12] <칠드런 오브 맨>에서 사용된 특수촬영장비

사용하는 <칠드런 오브 맨>의 촬영감독 임마누엘 루베즈키 (Emmanuel Lubezki)를 간략히 소개할까 합니다. 루베즈키는 <그래비티 Gravity>(2013), <버드맨 Birdman> (2014), <레버넌트 The Revenant>(2015)로 아카데미 촬영상을 세 번 연속 수상한 가장 주목받고 있는 촬영감독 중 한명입니다. 그의 최근작들을 보면 롱 테이크 촬영을 극한까지 구사한다는 공통점이 있습니다. 20여 분간 우주공간에서 펼쳐지

는 〈그래비티〉의 오프닝 장면, 주인공의 삶 자체를 연속적인 스테디 캠으로 잡아낸 〈버드맨〉, 〈레버넌트〉에서 초반 인디 언과의 전투와 곰과의 사투에서 보여주는 장면에 이르기까지 루베즈키는 끊임없이 압도적인 롱 테이크 촬영기법을 보여주고 있습니다.

진보된 시각 특수효과와 롱 테이크 미학의 만남은 서구 영화만의 전유물은 아닙니다. 한국 영화도 이전 시대와 비교해서 괄목할 만한 기술적인 발전을 이루면서 다채로운 미학적 성취를 보여주고 있습니다. 정병길 감독의 〈악녀〉(2017)의 오프닝은 이런 한국 영화계의 성과를 잘 보여주는 예입니다.

미국의 대표적인 민요 〈메기의 추억 When You And I Were Young Maggie〉을 휘파람으로 연주하는 소리가 들려온 후 화면은 녹색 빛이 감도는 좁은 복도를 걷는 한 인물의 1인칭 시점 숏으로 시작합니다. 반대편에 서 있던 남자가 "뭐 하는 년이야?"라는 대사를 함으로써 은연중에 이 시점의 주인공이 여성임을 관객에게 알려주죠. 화면은 권총을 쥔 손을 보여주며 무차별적으로 남성을 사살하기 시작하면서 본격적으로 이동하기 시작합니다. 핸드헬드 같은 심하게 흔들리는 화면으로 자신의 앞을 가로 막는 모든 남성들을 쏘는 모습을 계속해서 보여줍니다. 카메라는 때로는 180도로 심지어 270도로 자유자재로 회전하며 전후좌우에 위치한 모든 적들을 사살하는 시점을 따라가죠. 계단을 따라 아래층으로 내려가며 공간이 확장되면서 더 많은 적을 마주하지만 주인

[사진12-1] 〈악녀〉의 오프닝 시퀀스(00:00:53~00:08:16)

공은 거침없이 장애물들을 제거해 나갑니다. 이제는 단순히 총격전뿐 아니라 매우 고난도의 아크로바틱한 무술로 제압하는 영상도 단 하나의 커트 없이 연속된 영상으로 보여주죠. 다시 계단을 따라 위층으로 올라간 후 이제는 쌍칼을 뽑아들고 본격적인 검술 액션이 펼쳐집니다. 1인칭 시점 숏 덕분에 관객은 마치 자신 앞에 수많은 적들이 달려오는 듯한 기분을 느끼게 됩니다. 그런데 이런 기분은 1인칭 F.P.S.(First Person Shooter) 슈팅게임을 해 본 관객이라면 아주 익숙하게 느끼는 시점이라고 할 수 있죠. 이런 속도감을 증폭시키기 위해 배경음악도 매우 빠른 리듬으로 꽹과리가 가미된 타악기 소리가 깔립니다. 복도에서의 광란의 살육전이 끝난 후 공간은 다시 실내 헬스장으로 변환됩니다. 여기서부터 〈악녀〉 오프닝의 하이라이트가 등장합니다. 덩치 큰 사내들과의 액션이 펼쳐진 후 카메라는 거울에 비치는 화면을 이용해 아주 절묘하고 자연스럽게 시점을 1인칭에서 3인칭으로 변화시킵니다. 그러면서 오프닝이 시작한 후 처음으로 실제 주인공인 숙희(김옥빈 扮)의 얼굴을 정면으로 비춰줍니다. 이제 카메라는 1인칭 시점이 아닌 3인칭 시점으로 변환하며 화려한 액션을 흔들리는 360도 영상으로 잡아냅니다. 적의 중간보스로 추정되는 남성의 목에 밧줄을 건 숙희는 창문으로 몸을 던지고 카메라는 그 움직임을 쫓아가면서 상하반전의 영상으로 밧줄에 매달려 있는 주인공을 앙각으로 잡아냅니다. 실제 카메라맨이 와이어에 몸을 의지한 채 함께 뛰어내려 포착한 이 영상은 정말 감탄을 자아내게 합니다. 공중에 있던 카메라는 마침내 땅에 착지한 후 경찰에 포위된 주인공의 모습을 부감으로 180도 회전하며 잡아냅니다. 이후 주인공 앞으로 서서히 다가온 카메라는 피로 범벅이 된 숙희의 얼굴을 클로즈업으로 잡아내면서 무려 8분여간의 오프닝을 종료합니다.

보통 이러한 화려한 액션 신은 영화의 클라이맥스에 사용하는 것이 일반적이지만 〈악녀〉는 시작부터 관객의 혼을 쏙 빼 놓을 정도의 액션을 선보입니다. 사실 오프닝보다 더 대단한 액션 신들이 영화 곳곳에 등장하기는 합니다만 오프닝부터 관객의 몰입감을 증폭시키는 전략을 구사했다고 볼 수 있죠. 〈악녀〉가 보여준 1인칭 시점의 카메라 워킹은 사실 아주 새로운 시도는 아닙니다. 〈킬빌 Kill Bill〉(2003)이나 〈하드코어 헨리 Hardcore Henry〉(2015) 등에서 이미 접한 영상들이죠. 그럼에도 불구하고 〈악녀〉의 시도가 독창적인 점은 특수 헬멧에 P.O.V.(point of view) 카메라를 장착해

스턴트맨이 직접 연기하며 촬영했다는 것도 대단하지만 다른 영화들에 비해 시점의 다양한 변화나 이동이 인위적으로 보이지 않고 꽤 자연스럽게 롱 테이크로 유기적으로 연결되었다는 점입니다. 덕분에 관객에게 영화 시작부터 캐릭터에 대한 높은 궁금증을 자아내게 할 수 있을 뿐 아니라 마치 숙희의 시각으로 모든 상황을 제어하는 듯한 흥미진진한 경험을 제공하게 됩니다.

지금까지 다양한 영화의 예를 통해 롱 테이크 미학이 가지고 있는 다채로운 특징에 대해 알아보았습니다. 그렇다고 롱 테이크를 사용한 미장센이 항상 관객과의 교감에 성공을 거두는 것은 아닙니다. 때로는 감독과 배우 그리고 수많은 스텝이 혼신의 노력을 기울인 야심찬 시도가 오히려 관객의 몰입을 방해하는 부정적인 요소로 작용할 가능성도 있다는 것을 항상 명심해야 합니다. 두기봉 감독의 〈대사건 Breaking News〉(2004)의 오프닝은 지나친 롱 테이크에 대한 고집은 때로는 독이 될 수도 있다는 점을 상기시키는 예입니다.

홍콩 영화의 거장 두기봉은 유려한 카메라 워킹과 탁월한 편집 리듬감으로 타 감독들과 차별화되는 느와르 스타일을 가지고 있는 감독입니다. 〈대사건〉 역시 두기봉 감독답게 오프닝 7분여 동안 갱단과 경찰간의 총격전 장면을 원컷 롱 테이크로 촬영했습니다. 영화는 홍콩의 도심 좁은 골목길에서 벌어지는 치열한 총격전을 롱 테이크로 구현하기 위해 지미집(혹은 크레인)을 사용해 연속적으로 잡아냅니다. 카메라는

[사진12-2] 〈대사건〉의 오프닝 시퀀스(00:01:14~00:08:08)

실내와 실외를 가리지 않고 자유롭게 유영하듯 떠다니고 화면의 단조로움을 피하기 위해 앵글과 숏의 크기를 다양하게 구성하고 줌과 트레킹, 패닝과 틸팅을 이용해 골목길의 이곳저곳을 360도 전방위에서 촬영합니다. 문제는 갱들과 경찰 간의 본격적인 총격전이 시작하고 발생하죠. 불과 2~3미터 사이에서 벌어지는 총격전이 전혀 긴장감이 없이 진행됩니다. 배우들의 동선 역시 카메라의 움직임을 지나치게 의식하고 짠 것이 너무 인위적으로 보입니다. 실제로 벌어지는 총격전이 아니라 합을 미리 맞춰 놓고 보여주는 가짜 액션이라는 생각이 들면서 몰입감을 방해하는 것이지요. 상하좌우로 이동하며 두 진영 간의 총격전을 담아내는 카메라의 유려함은 흠 잡을 때 없이 훌륭하지만 문제는 관객이 그 싸움에 전혀 공감하거나 압도당하지 않는다는 데 있습니다. 물론 이 문제의 롱 테이크 장면에 대해 찬사를 보내며 두기봉 미학의 특별함을 논하는 관객도 많은 것이 사실입니다. 그러나 필자의 주관적인 생각으로는 〈대사건〉 오프닝에서 사용된 롱 테

63

이크는 실패한 미학적 실험이라고 생각합니다. 아무리 형식적으로 아름다운 미장센이더라도 그 안에 담기는 내용과 어울리지 못한다면 그저 겉만 화려한 장식품에 지나지 않는 다는 점을 다시 한 번 상기할 필요가 있습니다.

(2) 딥 포커스

딥 포커스는 롱 테이크와 더불어 미장센 영화미학의 영역을 확대한 대표적인 촬영기법입니다. 딥 포커스란 카메라의 피사계 심도(depth of field)를 극대화한 촬영법으로서 카메라에 비교적 가까이 있는 대상부터 멀리 떨어져 있는 대상까지 모든 사물이 또렷하게 보이게 초점을 맞추는 것을 말합니다. 그래서 한자로 전심초점(全深焦點)이라 부르지요. [사진 13]의 왼쪽 사진은 전경의 카메라부터 후경의 자동차까지 프레임 내의 모든 대상이 뚜렷하게 보이는 전형적인 딥 포커스 기법으로 촬영된 사진입니다. 반대로 오른쪽 사진을 보면 전경의 사물만 뚜렷하고 중경과 후경은 흐릿하게 보이는 섈로 포커스(Shallow Focus) 기법으로 촬영된 사진입니다. 이렇게 초점이 맞는 범위가 넓은 딥 포커스 기법으로 촬영된 사진(영상)을 심도가 깊다고 표현하고 반대로 그 범위가 좁은 섈로 포커스 기법으로 촬영하면 심도가 얕다고 말합니다.

그렇다고 섈로 포커스보다 딥 포커스가 미학적으로 반드시 우위에 있다고 할 수는 없습니다. 각기 장면에 따라 효과

[사진13] 피사계 심도에 따른 초점변화

적으로 사용될 뿐이고 나름대로의 장점과 단점이 존재한다
고 이해해야 합니다. 특정 피사체를 제외한 나머지 배경 부
분을 흐리게 처리하는 샐로 포커스를 초점이 나간다는 의미
로 아웃 포커싱(Out- Focusing)이라고 부르기도 하는데, 이
기법을 효과적으로 사용하여 영상의 감정과 의미를 극대화
한 예가 허진호 감독의 〈봄날은 간다〉(2001)에 나옵니다.

상우(유지태 扮)와 은수(이영애 扮)는 만나고 헤어지기를
반복하는 연인 사이입니다. 영화의 엔딩 장면에서 은수는 서
먹해진 상우와 다시 한 번 연인으로 만나고 싶어 하지만 그
녀에게서 사랑의 확신을 느끼지 못하는 상우는 더 이상 마음
을 열지 않습니다. 감독은 이러한 상우의 복잡 미묘한 감정
을 대사가 아닌 오직 피사계 심도의 깊고 얕음으로 관객에게
전달하는 데 성공합니다. 벚꽃이 흐드러지게 핀 봄날 두 남
녀가 길을 걷고 있습니다. 화면은 남녀의 모습은 뚜렷하게

잡아주고 뒤의 배경은 흐릿하게 처리하죠. 관객으로 하여금 배경이 아닌 상우와 은수에게만 집중하라고 알려주는 것입니다. 어느 정도 거리를 두고 걷고 있던 중 은수가 갑자기 접근하며 상우의 팔짱을 낍니다. 다시 시작하면 안 되겠냐는 무언의 행동이죠. 이때 포커스는 배경의 초점을 아예 완전히 날려버리고 카메라는 두 남녀를 클로즈업으로 보여줍니다. 관객은 이제 상우의 표정에 집중할 수밖에 없습니다. 과연 상우가 은수의 제안을 받아들일까? 아니면 완전히 은수와 헤어지려 할까? 이때 상우는 무표정하게 은수가 팔짱낀 손을 천천히 뿌리칩니다. 그리고 멋쩍게 웃는 은수에게 상우는 선물로 받은 화분을 아무 말 없이 돌려주죠. 특별한 말을 하지 않았지만 은수는 이제야 상우가 자신을 떠나려한다는 것을 깨닫고 고개를 끄덕입니다. 상우가 작별인사와 함께 돌아서자 은수는 마지막으로 상우의 옷깃을 여며줍니다. 그래도 미련이 남은 걸까요? 은수는 상우에게 마지막 악수를 청하고 뒤를 돌아 떠납니다. 마지막 뒷모습은 상우가 아닌 자기가 되고 싶었던 것이죠. 이때 카메라는 떠나가는 은수의 뒷모습의 초점을 아주 서서히 흐리게 처리합니다. 은수는 가던 길을 멈추고 상우를 쳐다보지만 그녀의 얼굴은 초점이 흐려 더 이상 보이지 않습니다. 상우는 지그시 눈을 감고 있다가 마지막으로 그녀를 쳐다보며 서로 손을 흔들어 봅니다. 그러나 관객은 은수의 모습이 흐릿하게 처리된 것을 보았기 때문에 상우가 더 이상 그녀로 인해 마음고생을 하지 않고 이제 완

[사진14] 〈봄날은 간다〉의 섈로 포커스 신

비밀번호: amormundi

전히 그녀를 기억 속에서 지워버릴 것이라는 느낌을 받게 됩니다. 영화는 하늘을 보며 슬퍼하는 상우의 뚜렷한 모습을 화면 왼쪽에, 흐릿하게 실루엣만 보인 채 떠나가는 은수의 모습을 오른쪽에 배치한 채 신을 종료합니다. 〈봄날은 간다〉에서 허진호 감독이 보여준 섈로 포커스 신은 그야말로 미장센의 정수를 보여준 명장면으로 기록됩니다. 대사가 아닌 영상으로 관객의 마음을 움직이는 것이죠. 이렇게 섈로 포커스는 딥 포커스와는 또 다른 미학적 매력을 가지고 있는 기법입니다. 만약 이 장면을 딥 포커스를 사용해 화면 전체에 초점을 맞췄더라면 상우의 세밀한 감정이 전달되는 데 오히려 방해를 받았을 겁니다. 주변에 볼 것이 많으면 상우의 감정에 집중하기 어려웠을 테니까요.

쿠엔틴 타란티노 감독의 이색적인 웨스턴인 〈헤이트풀 8 The Hateful Eight〉(2015)은 섈로 포커스와 팬 포커스 (pan focus)를 이용해 서스펜스를 고조시키는 뛰어난 장면을 보여줍니다. 팬 포커스란 화면의 전경에서 후경까지 모든 피사체에 초점이 맞은 상태를 가리키는 용어로 아웃 포커스의 반대라고 할 수 있습니다.

영화는 거센 눈보라를 피해 산장으로 피신한 8명의 인물들이 서로 속고 속이고 죽고 죽이는 아비규환의 현장을 타란티노 특유의 잔혹한 폭력의 미장센으로 그려냅니다. 8명의 인물들은 죄수를 이송하는 진영과 죄수를 탈옥시키려는 진영으로 분명하게 나누어 있지만 영화 내에서 이들의 정확한 의도와 신분은 철저히 베일 속에 가려집니다. 그러다 누군가가 커피에 독을 타고 이송 진영의 두 명이 독살당하게 됩니다. 이 사건을 시작으로 서로를 향한 불신이 커져가며 팽팽한 긴장감과 광기어린 핏빛 복수가 펼쳐집니다. 그런 의미에서 관객은 어떤 인물이 어떤 상황에서 몰래 독을 탔는지 매우 궁금해집니다. 화면 속에서 펼쳐지는 분노와 광기를 이해하기 위해서 사건의 인과관계가 중요해진 겁니다. 타란티노는 이 장면을 샐로 포커스와 팬 포커스를 결합해 팽팽한 긴장감을 절묘하게 묘사해냅니다. 어떻게 화면을 구성했는지 한번 알아볼까요?

카메라는 식탁에 수갑을 찬 채 앉아 있는 죄수 도머그(제니퍼 제이슨 리 扮)를 화면 중앙에 배치하고 나머지 모든 피사체의 초점을 흐리게 처리합니다. 당연히 관객도 화면에 유일하게 초점이 잡혀있는 도머그의 일거수일투족을 집중할 수밖에 없죠. 도머그는 교수형 집행인 존(커트 러셀 扮)에게 기타를 쳐도 되는지 물어봅니다. 그 순간 영화의 시간대는

[사진14-1] 〈헤이트풀 8〉의 섈로 포커스 신(01:36:17~01:42:15)

15분전 현상금 사냥꾼인 워렌 소령(사무엘 L. 잭슨 扮)이 퇴역 남군 출신 장교를 사살한 시간대로 플래시백 됩니다. 그러면서 동시에 사살 사건이 발생되기 40초 전 중요한 상황 하나를 내레이션과 함께 묘사합니다. 커피포트에 누군가가 독을 넣는 장면에 대한 해설이죠. 대부분 인물들은 보지 못한 영화의 핵심 상황을 팬 포커스에서 섈로 포커스로 전환되는 과정을 통해 극적 긴장감을 고조시킵니다. 화면에 커피포트 속에 독을 넣는 손만을 클로즈업으로 초점을 맞추고 나머지 인물들과 주변 피사체 모두의 초점을 흐리게 처리합니다. 독을 넣은 커피포트를 흔드는 행위가 끝난 후 다시 카메라는 사살 사건이 벌어질 공간에 초점을 맞춰줍니다. 다시 컷이 바뀐 후 독을 타는 순간을 유일하게 목격한 도머그의 측면 얼굴만을 유일하게 포커스를 잡아주고 나머지 공간을 또 날려버립니다. 유일한 목격자를 관객에게 강하게 인지시키기 위함이죠. 이제 화면은 다시 현재 시점으로 넘어 옵니다. 도머그의 얼굴을 클로즈업으로 잡은 카메라는 천천히 오른쪽으로 패닝하며 포커스를 날린 후 이번에는 난로 위에 놓인

69

독을 탄 커피포트를 잡아줍니다. 다시 한 번 앞서 보았던 도머그가 기타를 쳐도 되냐고 묻는 장면이 반복되고 존의 허락이 떨어지자 도머그는 기타를 향해 이동합니다. 카메라는 도머그가 기타를 가지고 화면 중앙에 자리를 잡자 다시 주위 초점을 날린 후 기타 연주에 맞춰 노래를 부르는 도머그를 천천히 줌인으로 포착합니다. 이때부터 타란티노의 재기 넘치는 포커스 연출의 향연이 펼쳐집니다. 카메라는 외부에서 산장 내부로 인물들이 들어 올 때 팬 포커스로 잠시 명확하게 인물들을 잡아준 후 다시 노래하는 도머그를 중심으로 다른 피사체와 인물들의 초점을 흐리게 처리합니다. 포커스 연출을 통해 끊임없이 상황을 쥐락펴락 통제하고 있는 것이죠. 이제 카메라의 포커스는 도머그의 시선과 정확히 일치를 시킵니다. 도머그가 곁눈질로 누가 독이든 커피를 마시는지 주시하면 팬 포커스로 그쪽을 잡아주고 다시 시선이 연주하는 기타 줄로 옮기면 어김없이 초점을 아웃 포커싱 해 버립니다. 도머그는 노래를 부르면서 누가 독을 탄 커피를 마시는지 끊임없이 주시합니다. 그때마다 카메라는 팬 포커스와 아웃 포커스를 넘나들기를 반복하죠. 그럴 때마다 이제 관객의 심장은 쫀득쫀득한 서스펜스의 세계로 자신도 모르게 빠져들어 갑니다. 독을 탄 커피 잔을 든 인물을 주시할 수밖에 없게 만드는 것이죠. 드디어 존과 마부가 커피를 마신 것을 확인한 도머그는 알 수 없는 희열에 찬 미소를 머금은 채 아무것도 모르는 존의 앵콜 요청에 맞춰 한 곡 더 노래를 부릅니다. 그 악마 같은 미소를 카메라는 지그시 클로즈업으로 포착하죠. 재미있는 점은 도머그가 부르는 노래 가사가 즉흥적으로 상황에 맞게 부른다는 것입니다. "존, 넌 곧 죽을 것이고 난 멕시코로 떠날거야!" 가사를 들은 존이 불같이 화를 내며 기타를 부숴 버리지만 잠시 뒤 가사 내용대로 존은 피를 토하고 도머그가 쏜 총에 맞고 죽는 상황이 펼쳐집니다. 타란티노의 천재성을 잘 엿볼 수 있는 대목이 바로 이 지점입니다. 서스펜스의 증폭을 복잡한 대사나 상황 없이 오직 화면 공간의 전부를 선명하게 또는 흐리게 처리하는 것만으로 긴장감을 강화시키는 연출. 정말 다시 보아도 명장면이라는 생각이 들게 합니다.

앞서 롱 테이크 챕터에서 설명했던 〈사울의 아들〉 역시 아웃 포커싱을 효과적으로 사용하여 영상의 감정과 의미를 극대화한 또 다른 예입니다. 영화를 보고 참혹했던 홀로코스트의 비극을 관객이 좀 더 생생하게 느낄 수 있었던 것은 사울을 제외한 대부분의 인물들과 상황들을 초점이 다 나간 상태의 뿌연 화면으로 처리했기 때문입니다. 사울만 뚜렷하게 잡아주는 카메라의 시선은 곧 두려움에 떨며 참혹한 동족 학살의 현장을 제대로 보지 못했던 아니 보지 않으려 회피했던 사울의 시선이기도 합니다. 보지 못할 때 듣지 못할 때 오히려 더 무섭다고들 하죠. 관객은 사울이 보지 못하고 뿌옇게 아웃 포커스된 끔찍한 상황들을 희미하게 추론하게 되고 오히려 이런 요소로 인해 홀로코스트의 참혹한 현장이 더 생생

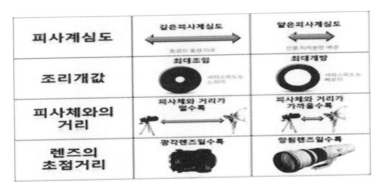

피사계심도	깊은피사계심도	얕은피사계심도
조리개값	최대조임	최대개방
피사체와의 거리	피사체와 거리가 멀수록	피사체와 거리가 가까울수록
렌즈의 초점거리	광각렌즈일수록	망원렌즈일수록

[그림3] 피사계 심도를 깊게 하는 방법

하게 다가오는 것이라고 할 수 있습니다.

다시 딥 포커스 논의로 돌아와 피사계 심도를 깊게 하는 방법에 대해 알아보지요. 딥 포커스를 구현하기 위한 다양한 방법이 있지만 가장 기본이 되는 것은 [그림3]과 같이 대략 세 가지라고 할 수 있습니다. 첫째, 카메라와 피사체간의 거리가 멀수록 피사계 심도는 깊어집니다. 실제로 사진을 찍을 때 뒤로 갈수록 사진에 많은 피사체를 담을 수 있는 것과 같은 이치입니다. 둘째, 렌즈의 초점거리(focal length)가 짧아질수록 피사계 심도는 깊어집니다. 그래서 딥 포커스 촬영을 할 때 표준렌즈보다 광각렌즈를 많이 사용하는 것이죠. 광각렌즈로 촬영하면 표준렌즈보다 화각은 넓어지고 전체적으로 초점이 잘 맞기 때문에 상당히 시원하고 경쾌한 장면을 얻을 수 있습니다. 그래서 단체사진이나 풍경사진을 찍을 때 광각렌즈를 많이 사용하는 것이죠. 셋째, 조리개(aperture)

가 조여질수록, 즉 조리개 값의 수치가 커질수록 피사계 심도는 깊어집니다.

사실 딥 포커스로 촬영한다는 것이 그리 쉬운 작업은 아닙니다. 위에서 설명한대로 사전에 치밀하게 준비해야 할 것이 많으니까요. 그렇다면 굳이 감독들이 딥 포커스를 사용하는 이유는 무엇일까요? 딥 포커스 촬영 기법이 갖는 효과의 핵

☞ **피사계 심도(depth of field)**
- 시야심도라고도 부르는 피사계 심도는 화면상에서 초점이 맞춰진 영역의 범위를 말합니다. 사진이나 영상 촬영에 있어서 가장 기본이 되는 용어 중 하나죠.

☞ **초점거리(focal length)**
- 초점거리란 카메라 내부에 있는 필름과 렌즈의 광학적 중심 간의 거리를 말합니다. 쉽게 생각해서 다양한 렌즈를 구분하는 가장 중요한 차이가 바로 렌즈의 초점거리라고 할 수 있죠. 렌즈의 초점거리는 밀리미터(mm)로 표시되는데 보통 초점거리가 50mm인 렌즈를 표준렌즈라고 합니다. 표준렌즈라고 부르는 이유는 초점거리 50mm에서 보이는 화상이 사람의 시야와 가장 근접한 이미지를 만들어 주기 때문입니다. [그림4]처럼 표준렌즈(normal lens)를 기준으로 50mm보다 초점거리가 길어지면 망원렌즈(telephoto lens)가 되고 50mm보다 짧으면 광각렌즈(wide-angle lens)가 됩니다.

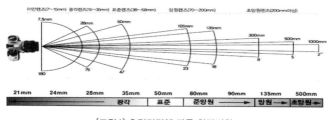

[그림4] 초점거리에 따른 화각변화

☞ **조리개(aperture)**

– 조리개란 촬영기기에서 구멍의 크기를 조절하여 렌즈를 통과하는 빛의 양을 조절하는 원반형태의 장치를 말합니다. 사람 눈의 홍채에 해당한다고 보면 됩니다. 일반적으로 조리개의 크기는 f/stop으로 표시하며 카메라 렌즈 위에 숫자로 표시되어 있어 필요에 따라 조절할 수 있습니다. 조리개는 조리개의 수치가 클수록 렌즈에 달려있는 조절장치가 열리는 원의 크기가 작아져서 빛이 조금 들어오며, 조리개의 수치가 작을수록 열리는 원의 크기가 커져서 빛이 많이 들어오게 됩니다. 예를 들어 f/2는 f/2.8에 비해 렌즈를 통해 두 배의 빛을 보내 주게 되는 것이죠.

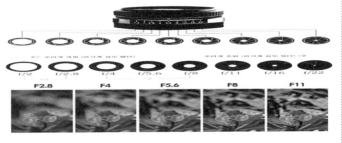

[그림5] 조리개 수치에 따른 피사계 심도

심은 감독의 의도를 최대한 배제시키고 관객을 보다 창조적이고 능동적으로 영화에 동참하게 만든다는 점입니다. 즉, 연출자가 의도적으로 관객에게 어느 한 특정 인물이나 사물만을 강조함으로써 일방적인 선택과 해석을 강요하는 것이 아니라 감독은 화면 속에 모든 요소들을 관객에게 뚜렷하게 펼쳐놓기만 하고 어떤 것을 볼 것인지에 대한 판단과 해석은 관객에게 맡기는 것이죠. 결국 관객의 자유로운 관람이 가능해지고 해석의 다양성을 유도할 수 있게 됩니다. 그럴 수밖에 없는 것이 딥 포커스로 촬영된 화면은 초점이 맞는 범위가 넓기 때문에 깊이와 입체감을 지니게 되고 우리 눈이 현실에서 사물을 보는 것과 가장 유사한 느낌을 갖게 합니다. 또한 초점이 맞는 범위가 넓어질수록 관객은 화면 속에 배열된 피사체를 더욱 자세히 볼 수 있게 되는 것이죠.

이러한 딥 포커스 미학과 관련해서 반드시 언급해야 할 작품 중 하나가 바로 오손 웰스(Orson Welles) 감독의 〈시민 케인 Citizen Kane〉(1941)입니다. 〈시민 케인〉은 혁신적인 촬영기술과 화면구도 그리고 비 연대기적 편집구성과 입체적인 플롯을 통해 현대 영화 문법의 기틀을 마련한 작품입니다. 특히 미장센 미학의 진수라 할 수 있는 딥 포커스 기법을 영화 전반에 걸쳐 사용함으로써 이후 딥 포커스 기법이 보편화되는 데 크게 기여한 작품입니다. 〈시민 케인〉에서 사용된 딥 포커스 장면은 셀 수 없이 많지만 그중 대표적인 세 장면을 통해 딥 포커스 미학의 효과와 장점을 이해해 봅시다.

먼저 딥 포커스 기법하면 바로 떠오르는 케인의 어린 시절 장면입니다. [사진15]의 상단 스틸사진처럼 전경에는 케인의 어머니와 은행가, 중경에는 케인의 아버지, 후경에는 집 밖에서 놀고 있는 케인이 있습니다. 프레임 내의 원근감을 최대한 살리면서 인물의 배치와 구도에 의해 최대한의 정보를 관객에게 전달할 수 있도록 설계된 미장센이죠. 어머니는 아들의 장래를 위해 케인을 은행가에게 맡기기로 결정합니다. 아버지는 처음에는 반대하지만 은행에서 연금을 지급한다고 하니 바로 아내의 결정에 찬성해버리죠. 중경 좌측면에 배치

된 구도로 인해 아버지의 존재는 어머니에 비해 상대적으로 왜소하고 무력하게 보입니다. 반면 전경에 배치된 어머니와 은행가는 구도 상으로도 압도적이며 지배적인 위치에 있기 때문에 권위를 부여받고 있습니다. 결국 계약서에 사인을 하는 것은 아버지가 아닌 어머니죠. 화면구도의 놀라운 점은 저 멀리 후경에서 잠시 후 자신의 운명이 어떻게 바뀔

[사진15] 〈시민 케인〉의 딥 포커스 주요 장면

비밀번호: amormundi

지 짐작도 못한 채 눈썰매를 타며 즐겁게 놀고 있는 케인의 모습까지 관객에게 상기시켜 준다는 점입니다. 이 장면을 보는 관객은 다양한 감정선을 가질 수 있습니다. 자식을 곧 떠나보내야 하는 어머니에 감정이입이 된 관객, 자식보다 돈을 더 중시하는 비열한 아버지의 모습에 울분을 느끼는 관객, 자신의 의지와는 무관하게 부모 곁을 떠나야 하는 케인에게 측은함을 느끼는 관객 등 딥 포커스는 이렇게 장면이 지닌 다의성을 유지하면서 하나의 화면 안에 다층적 공간과 복합적 감정을 담아둘 수 있게 됩니다.

[사진15]의 가운데 스틸사진은 케인이 경쟁사인 크로니클 임원진을 모두 자신의 신문사로 스카우트한 뒤 파티를 여는 장면입니다. 화면의 전경 얼음조각 옆의 케인에서부터 저 멀리 테이블 뒤쪽에 놓여 있는 가구에까지 초점이 맞추어져 있습니다. 정확하게 얘기하면 이 화면 속에 보이는 등장인물 29명 전원 모두에게 또렷한 초점이 맞아 있는 것이죠. 따라서 관객은 자신이 보고 싶은 피사체를 마음껏 응시할 수 있게 됩니다. 파티가 진행되는 동안 춤을 추고 있는 케인과 이들의 조력자인 번스틴과 릴랜드가 대화하는 장면을 창문을 이용해 동시에 한 숏으로 잡아내는 장면도 압권입니다. 관객으로 하여금 3명의 중심인물의 역학적인 상호관계를 읽을 수 있도록 해주는 미장센 구도라고 할 수 있지요.

[사진15]의 하단 스틸사진 역시 딥 포커스 미학의 정수를 보여주는 케인 아내의 음독자살 기도 장면입니다. 화면의 전경에 빈 컵과 약병을, 중경에는 어둠 속 침대에 누워 신음하고 있는 케인의 아내 수잔의 모습을, 문을 통해 뛰어 들어오는 케인을 후경에 배치시킵니다. 이 숏은 특별한 대사가 없지만 관객 모두에게 무슨 일이 벌어졌는지를 정확히 설명하고 있습니다. 관객 시선의 움직임에 따라 피사체를 배치했기 때문입니다. 관객은 먼저 독약을 보고 그것을 수잔이 마셨으며 그 이유는 바로 케인의 아내에 대한 비인간적인 대우 때문이라는 것을 느끼게 되는 것이죠.

〈시민 케인〉의 예를 통해 알아보았듯이 딥 포커스 기법은

[그림5-1] 영화 스크린의 종류

관객으로 하여금 화면 속 대상을 카메라의 시선이 아닌 관객이 보고 싶고 해석하고 싶은 대상을 먼저 보게 하고 이를 통해 자신만의 가치관으로 영화를 감상할 수 있게 해주는 장치라고 할 수 있습니다.

구로사와 아키라 감독의 〈숨은 요새의 세 악인 Three Bad Men in a Hidden Fortress〉(1958)은 딥 포커스 미학과 불가분의 관계를 맺고 있는 와이드 스크린의 등장과 발달이 미장센 미학에 어떤 가능성을 열어주었는지를 알게 해주는 예시입니다. 전경, 중경, 후경 모두를 이용해서 영상 내에 다중 초점의 층위를 형성하여 관객으로 하여금 선택적 감상을 가능하게 해주는 딥 포커스 기법은 와이드 스크린을 만났을 때 그 효과가 배가됩니다. 〈숨은 요새의 세 악인〉은 바로 이러한 딥 포커스와 와이드 스크린의 장점을 결합하여 공간적 깊이와 다층적 공간을 십분 활용할 수 있었습니다.

〈숨은 요새의 세 악인〉은 전쟁의 한 복판에 내 던져진 두 농부가 우연히 금덩이를 발견하게 되면서 정체를 숨긴 공주와 그녀를 호위하는 무사를 만나게 되는 흥미진진한 이야기

☞ 영화 스크린(screen)의 종류

- 감독과 촬영감독은 카메라로 촬영한 영상 프레임 하나하나를 현장 모니터나 카메라 뷰어를 통해 미리 볼 수 있는 특권을 부여 받지만, 대부분의 관객은 영상의 프레임을 극장 스크린에 투영된 이미지를 통해 접하게 됩니다. 이렇게 영화의 프레임을 전달하는 극장 스크린은 크게 표준 스크린(standard screen)과 와이드 스크린(wide screen) 두 종류로 구분할 수 있습니다.

- 표준 스크린은 가로 對 세로 비가 보통 1.37:1(1.85:1)이고 대표적인 와이드스크린 포맷인 시네마스코프(Cinemascope)는 2.35:1입니다. 표준 스크린의 경우 가로 對 세로 비가 4:3인 구형 TV 또는 CRT 모니터 화면 크기(1.33:1)와 거의 흡사합니다. 반면 와이드 스크린은 요즘 대부분 생산되는 16:9 LCD/LED 모니터 화면 크기(1.78:1)과 유사하죠. 당연히 와이드 스크린은 표준 스크린에 비해 좌우 공간이 넓기 때문에 탁 트인 시야를 보여주게 되며 그만큼 화면을 깊이 있고 생생하게 전달한다는 장점을 가지고 있습니다. 따라서 앞서 설명한 대로 딥 포커스의 장점을 제대로 구현하기 위해서는 와이드 스크린은 필수불가결한 존재가 됩니다.

- 2000년대 초반까지만 해도 영화는 제작 단계에서 TV 방영 및 비디오 출시를 고려해서 대부분 표준 스크린에 맞추어 촬영했습니다. 극장이 아닌 가정에서 영화를 볼 때 당시 TV는 대부분 4:3 비율이었기 때문이죠. 그러나 현재는 16:9 사이즈의 TV/모니터가 일반적이기 때문에 〈사울의 아들〉 같은 특별한 경우를 제외하고 대부분의 영화들이 와이드 스크린을 염두에 두고 촬영합니다. 이런 이유로 고전 영화를 최신 TV/모니터로 감상할 때 반대로 최신 영화를 구형 TV/모니터로 감상할 때 상하좌우에 2개의 검은 띠가 생기는 것을 종종 볼 수 있습니다. 우리는 이것을 각각 레터박스(letter box)와 필러박스(pillar box)라고 부릅니다. 레터박스는 표준 크기 환경을 가진 스크린에 와이드 콘텐츠를 구현하기 위해서 임의로 표시되는 테두리이고 필러박스는 표준 크기 콘텐츠가 와이드 스크린에 표시되는 경우 생기는 테두리입니다. 간혹 이 박스들이 불편하다고 임의로 전체 화면으로 보는 관객들이 있는데요. 극장과 가장 유사한 환경으로 영화를 감상하게 해주는 편의장치이기 때문에 구태여 그런 수고를 할 필요는 없습니다.

[사진15-1] 〈라라랜드〉의 스크린의 활용

〈라라랜드〉는 표준 스크린에서 와이드 스크린으로의 변화를 통해 고전 할리우드 시대의 뮤지컬 영화에 대한 향수를 흥미롭게 표현합니다. 영화가 시작한 후 처음 화면 사이즈는 1.33:1 흑백 화면으로 시작합니다. 제작사의 로고가 사라진 후 화면은 서서히 좌우로 확장되며 과거 할리우드에서 잠시 유행했던 2.55:1 비율로 상영되는 것을 알리는 'PRESENTED IN CINEMASCOPE'와 함께 칼라화면으로 전환됩니다. 오프닝을 시작하기도 전에 이미 예스러운 노스탤지어의 정취를 느끼게 해주는 장치로 활용한 것이죠.

를 그리고 있습니다.

영화에서 사용된 딥 포커스 장면은 합쳐서 약 7분입니다. 처음 소개할 딥 포커스 장면은 계단 전투 신(00:10:29~00:13:25)입니다. 이미 60년이 훨씬 넘은 영화임에도 지금 봐도 탄성이 절로 나오는 멋진 장면입니다. 화면 후경에서는 마치 파도처럼 계단 밑으로 쏟아져 내려가는 포로들이 위치하고 전경에는 이들을 저지하려는 조총 부대가 위치합니다. 두 진영은 마치 쓰나미와 산사태가 동시에 맞부딪치는 듯한 느낌을 줄 정도로 아비규환 속으로 빠져듭니다. 두 농부의 대사처럼 정말 지옥도의 모습 그 자체죠. 화면의 심도는 대단히 깊고 화면의 입체감 역시 놀라울 정도로 생생합니다. 만약 와이드 스크린과 딥 포커스가 아니라면 이 장면은 계단 위와 아래라는 두 개 이상의 분리된 층위의 공간으로 표현해야 했을 겁니다. 그러나 구로사와 감독은 두 장치의 기술적 진보를 하나로 묶어 전경부터 후경까지 다층적 공간이 생성되는 새로운 영상의 가능성을 창조하는데 성공합니다. 두 번째 딥 포커스는 두 농부가 우연히 장작 안에 숨겨진 금덩이를 찾으며 서로 가지겠다고 싸우는 장면(00:17:10~00:19:17)에서 나옵니다. 전경에는 멱살잡이를 하는 두 농부가 위치하고 후경에는 공주를 보호하는 호위 무사가 이들의 모습을 멀리서 지켜보고 있죠. 컷과 컷을 연결하여 농부와 무사의 조우를 보여주는 것보다 다층적 공간에서 처음 등장하는 무사의 모습을 보여줌으로써 훨씬 위협적이며 강한 카리스마를 가진 캐릭터의 성격이 강조됩니다. 세 번째 딥 포커스는 공간의 깊이감을 이용하여 서로 다른 신분을 가진 캐릭터 간의 유대감을 표현하는 장면(01:07:29~01:08:04, 01:16:15~01:16:45)에 등장합니다. 농부와 공주가 처음 만났을 때는 화면 구도를 농부-무사-공주 순으로 배치함으로써 공주와 농부 간의 신분적 차이와 정서적인 유대감이 굉장히 이질적이라는 점을 강조합니다. 그러다 공주가 일반 백성이 처한 삶의 어려움을 직접 경험하면서 조금씩 이들 간의 정서적인 거리가 서서히 좁혀지고 있음을 특별한 대사 없이 화면의 구도만으로 표현합니다. 여관에 일행이 도착한 후 공주를 두

[사진15-2] 〈숨은 요새의 세 악인〉의 공간적 깊이와 다층적 공간의 활용

농부의 가운데에 나란히 배치함으로써 농부의 정서적 층위와 공주의 그것이 하나로 합쳐지고 있음을 표현하고 있습니다. 흥미로운 점은 무사의 위치를 후경에 배치함으로써 공주를 보호하기 위해 끝까지 경계를 늦추지 않는 무사의 존재를 분리된 공간적 층위에 배치했다는 것입니다. 이러한 네 인물 간의 보이지 않는 심리묘사를 딥 포커스와 와이드 스크린의 결합에 의한 영상적 깊이로 아주 효과적으로 관객에게 전달하고 있습니다.

박찬욱 감독의 복수 3부작 중 첫 번째 작품인 〈복수는 나의 것〉(2001)은 딥 포커스 기법을 최대한 활용하여 촬영한 영화입니다. 영화는 장기 밀매단에게 사기를 당한 청년과 그에게 아이를 유괴당한 아버지, 아이 아버지에게 고문을 당하고 죽은 여자 패거리의 세 가지 복수가 맞물린 독특한 이야기 구조로 구성되어 있습니다. 감독은 서로 다른 복수지만 결국은 하나의 사건으로 귀결되는 아이러니한 상황을 치밀하게 계산된 미장센 미학을 통해 한 땀 한 땀 정밀하게 그려냅니다. 〈복수는 나의 것〉은 극도로 절제된 카메라 앵글을 보여줍니다. 롱 테이크, 롱 숏(long shot), 클로즈업, 딥 포커스와 같은 기법을 역동적으로 교차시켜 복수가 자아내는 긴장감을 극한까지 잡아내는 데 성공합니다. 그래서일까요? 개인적으로 극장에서 영화를 매우 불편하게(?) 봤던 기억이 납니다. 곰곰이 생각해보면 그 이유는 단순히 영화가 매우 폭력적인 장면을 보여주어서가 아니라 복수의 가해자와 피해자 모두의 감정을 고스란히 관객인 내가 느꼈기 때문입니다. 장기 밀매단에 복수를 가하는 류(신하균 扮), 영미(배두나 扮)와 류에게 복수하는 동진(송강호 扮)을 통해 카타르시스를 느끼다가도 이번에는 동진에게 복수를 당하는 영미와 류 그리고 영미 패거리에게 복수를 당하는 동진을 통해서 극한의 고통을 느끼게 됩니다. 이러한 아이러니한 감정을 관객이 느끼는 가장 큰 이유는 영화에서 사용된 딥 포커스 기법에 있습니다. 지금부터 영화의 이야기 순서를 따라가며 딥 포커스 기법이 사용된 장면을 살펴보도록 하겠습니다.

영화의 초반부([사진16]). 류는 누나에게 자신의 신장을 이식시키고자 하지만 혈액형이 맞지 않는 것을 알고 실망과 분노에 찬 채 야구연습장에 갑니다. 카메라는 류의 얼굴을 클로즈업 한 후 바로 이어서 야구연습장의 전경을 심도가 깊은 롱 숏으로 보여 줌으로써 류의 감정을 극대화하죠. 이어지는 숏은 류가 화장실에 들어가 장기기증 스티커를 붙이는 밀매단과 마주치는 장면을 딥 포커스로 보여주는 장면입니다. 결

[사진16] 〈복수는 나의 것〉의 딥 포커스 주요 장면 ①

비밀번호: amormundi

국 이 장면은 영화에서 벌어지는 세 가지 복수의 출발점이 됨을 관객에게 강하게 인지시키는 역할을 담당합니다.

[사진17]의 첫 번째, 두 번째 스틸사진은 류가 일하는 공장의 장면을 전경, 중경, 후경까지 뚜렷한 초점으로 촬영한 장면입니다. 감독은 롱 테이크, 롱 숏, 스테디 캠 등 다양한 영상표현을 통해 청각장애자인 류의 지리멸렬한 일상을 세밀하게 관찰하듯이 추적합니다. 세 번째 스틸사진은 류와 누나가 사는 영세 아파트 장면입니다. 감독은 류와 누나가 처한 상황의 절박함과 비참함을 관객에게 전달하기 위해 희극적 요소와 비극적 요소를 절묘하게 버무려 놓습니다. 몸이 아파 비명을 지르는 누나의 신음소리를 성행위 소리로 착각한 옆방 청년들이 집단으로 자위행위를 합니다. 이때 카메라는 좌에서 우로 트래킹하면서 누나의 비명소리를 듣지 못한 채 아주 맛있게 라면을 먹고 있는 류의 모습을 심도 깊은 딥 포커스로 포착하죠. 전경에서 라면을 먹고 있는 류의 모습과 후

[사진17] 〈복수는 나의 것〉의 딥 포커스 주요 장면 ②

비밀번호: amormundi

경에서 절규하며 괴로워하는 누나의 모습을 절묘하게 대조
시킨 겁니다. 이 상황을 웃어야 할까요? 울어야 할까요? 관
객은 아마 처음 자위행위 장면을 보고 웃다가 곧이어서 웃어
버린 자신을 책망하지 않았을까요? 이것이 딥 포커스의 전심
초점이 가지고 있는 힘입니다.

[사진18]의 첫 번째 스틸사진은 류가 공장에서 강제퇴직
당하며 서류에 지장을 찍는 사무실 장면입니다. 누나의 수술
비용을 마련하기 위해 동분서주하다가 결근이 잦아져 그만
공장에서 해고당하게 된 것이죠. 악수를 권하는 공장장의 손
클로즈업과 벽시계에서 울리는 뻐꾸기 소리를 부감으로 바
라보는 롱 숏 그리고 류를 제외한 사무실 직원 전원이 점심
을 먹으러 가는 텅 빈 사무실의 모습을 딥 포커스를 통해 보
여줍니다. 이는 류가 느끼는 사회에 대한 단절감, 소외감 그
리고 절망감을 극대화시킨 장면입니다. 결국 해고된 류가 누
나 수술비를 지불하기 위해서는 자신의 장기를 팔 수밖에 없

[사진18] 〈복수는 나의 것〉의 딥 포커스 주요 장면 ③

비밀번호: amormundi

는 상황이 이어질 것이라는 점을 관객에게 예측하게 합니다.
두 번째 스틸사진은 류의 장기 적출이 이루어진 공사장 건물
속 불법 시술소 장면입니다. 깊은 심도를 통해 황폐한 공간
의 느낌을 최대한 살리면서 좌측의 류 주위에 배치된 3명의
밀매단의 인물 배치구도를 통해 류가 완전히 포위된 듯한 느
낌을 줍니다. 이렇게 갇힌 구조를 강조함으로써 류가 이 상
황에서 결코 빠져나가지 못할 거라는 걸 암시하는 것이죠.
실제로 류는 장기 밀매단에게 자신의 신장과 전 재산을 강탈
당하고 맙니다. 마지막 스틸사진은 동진의 딸을 유괴한 류가
자신의 아파트에서 협박 사진을 촬영하는 장면입니다. 류는
일부러 소녀를 울린 후 그 표정을 사진으로 촬영해 동진에게
보내 협박하려 합니다. 이 장면을 카메라는 소녀의 전면→사
진 찍는 류→걱정스럽게 바라보는 누나의 모습을 뚜렷하게
딥 포커스로 포착하지요. 여기서 중요한 점은 누나의 감정선
입니다. 누나는 류가 아이를 유괴한 것인지는 꿈에도 모르고

그저 동생이 장난을 치고 있다고 생각합니다. 결국 누나는 뒤늦게 자신 때문에 동생이 범죄를 저질렀음을 알고 자살을 하게 되지요.

류는 평소 누나의 유언을 지키기 위해 누나의 시신을 어린 시절 뛰어놀던 강가에 묻습니다. 유괴당한 소녀는 홀로 차에 남았다가 뇌성마비 장애인(류승범 扮)을 만나 놀라게 되고 류에게 오려고 다리를 건너다가 그만 익사하고 맙니다. 카메라는 이 과정을 딥포커스를 이용해 긴장감을 극대화시킵니다. 먼저 뇌성마비 장애인→소녀→자동차를 각각 전경, 중경, 후경에 배치하고 뇌성마비 장애인이 돌을 물에 던지는 장면을 보여줍니다. 곧 일어나게 될 소녀의 사고를 예고하는 것이죠. 이어지는 장면에서 이번에는 전경에는 류, 중경에는 소녀, 후경에는 뇌성마비 장애인을 배치합니다. 소녀는 물에 빠져 오빠를 애타게 부르지만 류는 아무런 소리를 듣지 못합니다. 카메라는 소녀의 죽음을 암시하듯 장애인의 놀란 얼굴과 죽은 누나의 차가운 얼굴을 연이어 클로즈업으로 보여줍니다. 심도를 아주 깊게 처리하지 않았기 때문에 중경과 후경은 다소 흐릿하게 보이지만 물에 떠내려 오던 소녀가 류의 바로 뒤에 왔을 때 카메라는 중경의 심도를 깊게 보여줍니다. 소녀가 마지막으로 오빠를 외쳐보지만 류는 죽은 누나의 얼굴을 어루만지며 그저 울기만 합니다. 이어지는 화면에는 거꾸로 물에 잠긴 소녀의 얼굴이 클로즈업 됩니다. 누나를 다 묻은 후 류는 그제야 일어나 뒤를 돌아봅니다. 이때 후경의 뇌성마비 장애인의 시선이 중요해집니다. 류가 뒤늦게나마 소녀의 주검을 발견할 수 있었던 것이 뇌성마비 장애인의 시선 때문이었으니까요. 후경의 존재가 없었다면 청각장애자인 류는 소녀의 행방도 알지 못했을 개연성이 커집니다. 감독이 왜 하필이면 후경에 뇌성마비 장애인을 배치시켰는지 이해가 가는 대목입니다. 이제 관객은 그야말로 아연실색할 수밖에 없습니다. 방금까지만 해도 누나의 죽음으로 절망하는 류의 슬픔에 공감하고 있었는데 이제 소녀의 죽음으로 인해 한치 앞도 내다볼 수 없는 긴장감이 폭발하는 흥분을 느끼기 때문입니다. 대사를 하지 않고도 카메라 앵글과 화면의 심도만으로 숨은 이야기를 관객에게 전달하는 감독의 연출력이 돋보이는 장면입니다.

〈복수는 나의 것〉의 주된 배경 중 하나인 강가는 세 가지 복수로 인해 발생되는 죽음이 귀결되는 공간으로 기능합니다. 자살한 류의 누나의 주검이 묻힌 곳이자 동진의 어린 딸이 익사한 곳이며 류가 동진에게 살해당하고 동진 역시 영미의 동료들에게 암살당하는 장소이기 때문이죠. 〈복수는 나의 것〉에서 사용된 딥 포커스 장면 중 딸의 시신을 발견한 동진의 슬픔을 그리는 또 하나의 강가 신은 가히 최고의 명장면이라 할 수 있습니다. 우선 영화는 동진이 딸의 시신을 발견하는 장면을 앙각으로 보여줍니다. 보통의 일반적인 연출이라면 이어지는 숏을 딸의 시신을 안고 절규하는 아버지의 모습을 십중팔구 클로즈업으로 오랫동안 보여주었을 겁니다.

[사진19] 〈복수는 나의 것〉의 딥 포커스 주요 장면 ④

비밀번호: amormundi

그래야 관객의 슬픔을 충분히 끄집어낼 수 있으니까요. 그러
나 박찬욱 감독은 [사진19]의 우측 스틸사진처럼 아버지가
통곡하는 장면을 멀리서 롱 숏으로만 잡아내고 아주 짧게 동
진의 얼굴을 인서트 컷으로 보여준 후 다시 롱 숏을 고수합
니다. 이렇게 숏을 연출한 이유가 무엇일까요? 답은 이 장면
에서 사용된 딥 포커스에 있습니다. 스틸 사진을 자세히 보
면 프레임은 네 개의 공간으로 분할되어 있음을 알 수 있습
니다. 우선 전경에는 덩그러니 바위 하나를 놓고 중경에는
수색작업을 벌이는 잠수부와 구명보트를 배치합니다. 후경
은 다시 두 공간으로 분할됩니다. 먼저 딸의 시신을 안고 있
는 아버지와 의사, 수사관들을 배치하고 그 뒤의 가장 먼 후
경에는 이 상황을 지켜보고 있는 많은 구경꾼들을 놓습니다.
이 장면이 대단한 점은 네 개로 분할된 모든 공간의 심도가
매우 깊다는 것입니다. 특히 감독이 중심으로 내세운 공간이
아버지의 슬픔이 느껴지는 후경이 아닌 수색작업이 벌어지

고 있는 중경이라는 점은 매우 의미심장하다고 할 수 있습니다. 나머지 공간은 비교적 정적인데 반해 중경의 공간은 유괴범의 단서를 찾기 위한 잠수부와 구명보트가 끊임없이 움직이기 때문입니다. 따라서 관객의 대다수는 중경에 집중해서 관람할 확률이 높습니다. 결국 감독이 의도하고자 했던 점은 딸을 잃은 아버지의 슬픔을 부각시키기보다는 유괴범들에 대한 잠재된 복수심의 당위성을 강조하려 했던 것으로 보입니다. 실제로 이제부터 본격적으로 시작되는 아버지의 복수는 상상을 초월할 정도로 잔인하게 전개됩니다.

류는 누나가 자살한 직접적인 원인을 제공한 장기 밀매단의 위치를 알아내기 위해 친구인 영미에게 그들과 접촉하게 합니다. 영미는 마침내 밀매단의 사무실을 찾아내는 데 성공하죠. 밀매단의 아지트에 도착한 영미는 류와 마찬가지로 이들에게 위협을 당합니다. 화면의 구도 역시 류가 그랬던 것처럼 삼각형 모양으로 밀매단이 영미를 둘러싸 위협적인 모습을 보여줍니다. 드디어 류는 영미가 알아낸 밀매단의 아지트에 잠입해 피의 복수를 시작합니다. 관객에게 류가 얼마나 분노로 사로잡혀 있는지를 충분히 보여주기 위해 살해당하는 밀매단의 모습을 전심초점으로 잡아내죠.

유괴범의 단서를 쫓던 동진은 류의 공범자인 영미의 집을 알아냅니다. 전기기술자인 자신의 특기를 살려 동진은 영미에게 잔인하게 전기고문을 가하죠. 전심초점으로 잡아낸 동진의 고문 모습은 소름을 자아낼 만큼 공포심을 유발합니다.

[사진20] 〈복수는 나의 것〉의 딥 포커스 주요 장면 ⑤

비밀번호: amormundi

이 장면의 압권은 의자에 영미를 묶은 채 태연하게 짜장면을 먹고 있는 동진의 모습을 심도 깊게 잡아내면서 그의 복수심을 표현하는 화면 구도에 있습니다. 후경에 위치한 영미는 고문의 고통을 참지 못하고 다리에 경련을 일으키며 소변을 눕니다. 공교롭게도 소변은 후경에서 짜장면을 먹고 있는 동진에게 향하죠. 카메라는 영미가 묶여 있는 전경에서 흘러내리는 오줌이 중경을 거쳐 후경의 동진에게 향하는 모습을 가감 없이 잡아냅니다. 그러나 동진은 아랑곳하지 않고 영미를 덮고 있던 담요로 소변을 가려버리고 전기 스위치를 강하게 올려버립니다.([사진20])

영미의 집에서 단서를 찾은 동진은 류의 집으로 향합니다. 형사는 전화로 류가 장기 밀매단을 살해하고 신장을 꺼내갔다며 조심하라고 알려주죠. 이때 카메라는 류가 신장을 잘라 먹었던 흔적을 틸 다운으로 천천히 보여줍니다. 그러나 이를 본 동진의 얼굴에 두려움이란 찾아볼 수 없습니다. 오히려

[사진21] 〈복수는 나의 것〉의 딥 포커스 주요 장면 ⑦

비밀번호: amormundi

류보다 더 잔인한 복수를 계획하고 있으니까요. 동진이 설치한 함정에 걸려든 류는 기절하고 동진은 무자비한 폭행을 가합니다. 이때 후경에는 의도적으로 조명에 비친 그의 그림자를 배치합니다. 이는 동진의 내면에 숨어 있는 괴물성을 관객에게 보여주기 위한 뛰어난 연출이라고 할 수 있습니다.

지금까지 〈복수는 나의 것〉에서 사용된 딥 포커스의 주요 장면에 대해 살펴보았습니다. 만일 이 영화가 딥 포커스를 통해 관객과 충분히 교감하면서 복수심 그 자체를 전달하려고 애쓰지 않고 증오심에 불탄 두 남자의 살벌한 폭력성만 강조해서 보여주었다면 어땠을까요? 아마도 자극적인 장면만 기억되는 그저 그런 하드보일드 액션영화로 기억되지 않았을까요?

☞ 숏의 유형

- 숏은 카메라로부터 피사체까지의 거리와 피사체의 크기를 기준으로 다양한 유형으로 분류됩니다. 먼저 카메라에서 피사체까지의 거리를 기준으로 롱 숏(long shot), 미디엄(medium) 숏, 클로즈업(close-up)으로 분류됩니다. 롱 숏(원사; 遠寫)은 말 그대로 멀리서 찍어 대상에 대해 넓은 시야를 보여주는 화면을 말합니다. 그래서 인물과 배경이 함께 촬영되는 숏이죠. 롱 숏은 어떤 환경에 처한 인물이나 이야기의 주제정보를 제공하면서 전체적인 상황을 알려주는 기능을 하기에 설정화면(establishing shot)으로 많이 사용됩니다. 미디엄 숏(중사; 中寫)은 배경이나 주변상황은 배제하고 관객으로 하여금 연기자 자체에만 집중하게 해줍니다. 클로즈업(근사; 近寫)은 극적 목적을 위해 캐릭터 및 대상을 강조할 때 사용됩니다. 클로즈업은 대상의 크기를 확대해서 보여주기에 피사체의 중요성을 고양시킵니다.

[사진22] 〈국가대표〉(2009)에서 사용된 롱 숏, 미디엄 숏, 클로즈-업

- 피사체의 크기 중 보통 사람의 신체를 기준으로 숏은 다양한 명칭으로 불리기도 합니다. 풀 숏(full shot)은 머리부터 발끝까지를, 니 숏(knee shot)은 무릎까지를, 웨이스트 숏(waist shot)은 허리까지를, 버스트 숏(bust shot)은 가슴까지 촬영하는 것을 말합니다.

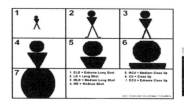

[그림6] 숏의 유형

2) 색채, 조명, 프로덕션 디자인 코드

미장센을 구성하는 요소 중 색채/조명/프로덕션 디자인 코드는 촬영 코드 못지않게 미장센 분석에서 매우 중요한 역할을 담당합니다. 일반적으로 색채/조명/프로덕션 디자인 코드는 따로 분리되어 미장센에 영향을 준다기보다는 상호 보완적인 관계를 통해 화면에 감정과 의미를 만들어냅니다. 굳이 연관성을 따진다면 색채는 영화의 질감(質感; texture)에, 조명은 영화의 톤(tone)에 영향을 미칩니다. 먼저 색채와 질감에 대해 알아보겠습니다.

(1) 색채와 질감

영화에서 다양한 카메라 기법을 통해 이미지를 관객에게 전달하는 것만큼 색채는 영상을 구성하는 핵심 요소로서 정서를 표현하는 데 매우 중요한 도구로 사용됩니다. 사실 어떻게 보면 관객이 영화에서 시각적으로 가장 먼저 인지하는 것은 화면의 구도나 카메라 움직임보다 색채라고 할 수 있기 때문입니다. 따라서 색이 가지는 감정에 대해 창작자가 어떤 방식으로 영화 속에 구현했는지 그리고 관객과의 소통에는 성공했는지를 분석하는 것도 미장센 분석의 중요한 하나의 요소라고 볼 수 있겠죠. 먼저 색이 가지는 일반적인 의미에 대해서 알아볼까요?

색채	색의 의미(추상적 연상)	구체적 연상	이미지적 감정표현
붉은색	정열, 흥분, 피, 혁명, 정력적 활동	태양, 불, 사과, 피, 여자, 입술	강한 감정, 걱정, 노함, 활동적
노란색	희망, 명랑, 온정, 쾌락, 희열, 만족, 건강, 야심, 질투, 성실, 발전, 경박, 약동, 팽창	바나나, 유채꽃, 해바라기, 봄, 병아리, 개나리, 나비, 참외	밝은 감정, 명랑, 쾌할, 원기발랄
녹색	안정, 평화, 안전, 휴식, 성장, 이상, 신선함, 건전, 지성, 공평, 순정, 염원	전원, 초목, 숲, 밀림, 수박, 새싹, 나뭇잎	안정된 감정, 평정, 너그러움, 젊음
파란색	냉철함, 경계, 영원, 소원, 진실, 성실, 침착, 고독, 명상, 숭고, 정숙	하늘, 바다, 사파이어	차가움, 불안, 고독, 우울, 비애, 깊음, 고요
보라색	창조, 우아, 예술, 고귀, 불안, 신비, 요염, 몽상, 비애, 감미	포도, 요정, 모란	우아함, 신비, 기괴함
흰색	결백, 소박, 신성, 순결, 정직, 순수, 냉혹, 불신	눈, 솜, 분필, 신부, 병원	순수, 맑음, 순결
회색(이중적 의미)	우울, 공포, 침울함, 답답함	구름, 재, 쥐, 아스팔트, 비, 안개	현대 도시, 우울, 가라앉음
	평화, 온화, 겸양, 중립, 평범		
검은색	엄숙, 죽음, 시체, 공포, 침묵, 절망, 허무, 죄	밤, 석탄, 숯, 까마귀	어두운 감정, 절망, 엄격함

[표2] 색이 유발하는 감정과 연상

일반적으로 사람들이 특정한 색에 대해 느끼는 감정은 어느 정도 유사합니다. 물론 그 감정은 개인이 처한 구체적인 상황에 따라 달라질 수 있겠지만, 어느 정도의 공통성은 가지고 있다고 볼 수 있죠. 일반적인 색채이론이 영화에 그대로 적용되는 것은 아니지만 색의 상징성은 영화에서 폭넓게 사용되고 있습니다. 예를 들어, 색이 유발하는 감정과 연상은 등장인물의 성격이나 감정 상태를 표현하고 전반적인 분위기나 상황 전개를 암시하는 등 영화에서 매우 중요하게 작용할 수 있습니다. 따라서 영화 창작자는 색채가 가지고 있는 이러한 감정을 잘 이용해야만 관객에게 영화의 의도를 제대로 전달할 수 있겠죠. 우리가 유의해야 할 점은 [표2]에 나와 있는 색의 의미, 연상, 감정이 절대적인 기준은 아니라는 것입니다. 예를 들어, 회색은 서로 상반되는 이중적인 의미와 감정을 가지고 있습니다. 때로는 회색을 보면 우울하고 공포심을 느끼기도 하지만 다른 한편으로는 평화롭고 온화한 기분을 주기도 하죠. 또한 영화 창작자는 극적 효과를 위해 의도적으로 색이 가지고 있는 상징성을 역으로 사용하는 경우도 종종 있습니다. 예를 들어, 인생의 가장 찬란한 순간을 어두운 감정으로 나타내는 검은 색으로 표현하기도 하고 반대로 인생의 가장 절망스러운 기억을 순수함을 상징하는 흰색으로 표현할 수도 있습니다.

지금부터 영화에서 사용된 색채의 상징성을 분석해봄으로써 ① 색채가 어떻게 시·공간을 표현할 수 있는지, ② 색채가 어떻게 캐릭터의 특성과 심리상태를 표현할 수 있는지, ③ 색채가 영화의 주제와 느낌을 전달하는데 어떻게 기여할 수 있는지, ④ 색채가 어떻게 이야기를 만들어 내서 관객과 교감하는지에 대해서 알아보기로 하죠.

김기덕 감독의 〈파란 대문〉(1998)은 영화 속 등장인물의 심리를 특정 색채를 통해 표현한 대표적인 작품입니다. 〈파란 대문〉은 포항의 여인숙을 배경으로 진아(이지은 扮)와 혜미(이혜은 扮), 두 여자의 심리적 유대를 파격적으로 그리고 있습니다. 대학생 혜미가 살고 있는 여인숙으로 어느 날 창녀 진아가 들어옵니다. 손님들에게 몸을 파는 진아 덕분에

☞ 질감(texture)과 톤(tone)

– 질감이란 화면에 표현된 대상의 재질(材質)에 따라 다르게 느껴지는 독특한 느낌을 말합니다. 질감은 세상에 존재하는 모든 물체에 존재하며 형태와 색채와 함께 시각적인 경험을 풍부하게 만들어주죠. 우리가 질감을 느끼는 경로는 크게 촉각과 시각으로 나뉩니다. 그런데 흥미로운 점은 질감이란 것은 반드시 직접 만져 보아야만 느낄 수 있는 것은 아니라는 것이죠. 오히려 직접 접촉하지 않고 과거의 경험에 의해 시각적으로 느끼는 경우가 대부분이라고 할 수 있습니다. 예를 들어보죠. [사진23]은 김기덕 감독의 〈아리랑〉(2011)에 나오는 감독 자신의 맨 발꿈치 모습입니다. 각질이 아주 심해 매우 거친 느낌을 줍니다. 관객은 이 사진 한 컷만 보더라도 추운 한겨울 오두막에 홀로 살고 있는 감독의 외로움을 느낄 수 있게 되겠죠. 이렇게 영화에서의 질감은 이야기를 전하는 또 다른 장치라고 할 수 있습니다. 영화에서 이런 질감을 담당하는 스탭을 프로덕션 디자이너(Production Designer; 미술감독)라고 부릅니다. 프로덕션 디자이너는 이러한 색채에 따른 질감이 일으키는 심리적 반응들을 만들어 가는 주인공이라고 할 수 있습니다.

– 영화에서의 톤은 다양한 분야에서 사용됩니다. 첫째, 음향의 질이나 특성을 말할 때 사용하는 톤은 저음과 고음이 가진 질감 등을 의미합니다. 둘째, 영화의 정서적 분위기의 특성을 말할 때 사용하는 톤은 주로 배우의 대사와 관련됩니다. 코믹한 톤, 쾌활한 톤, 우울한 톤 등이 있겠죠. 셋째, 조명과 연관된 톤은 영상 색채의 색조(色調), 조명의 명암대비나 명도영역 등을 말합니다. 따라서 조명에서의 톤은 주로 숏 안에서 대상의 밝기를 어떻게 조정하는지와 연관되죠. 일반적으로 관객은 프레임 안에서 제일 밝은 피사체를 먼저 보고 어둠을 비극으로, 밝음을 행복과 연관시키는 경향을 보입니다.

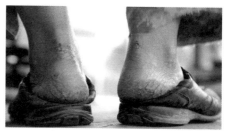

[사진23] 〈아리랑〉의 질감

혜미네 식구는 먹고살 수 있지만 혜미는 진아에게 마음의 문을 열지 않습니다. 시간이 지나 두 여자는 서로의 공통점과 아픔을 이해하게 되고 서로의 상처를 보듬어 주는 사이가 됩니다. 영화는 두 여자의 변화하는 심리상태를 대사를 통해 직접적으로 설명하는 대신 파란색과 노란색을 통한 색채의 활용으로 상징적으로 표현합니다. 영화의 주된 색채 중 하나인 파란색은 두 여자의 심리적 공간을 은유적으로 보여주는 역할을 담당하고 노란색은 진아의 캐릭터를 상징하는 색채로 사용됩니다.

진아가 처음 새장 여인숙에 들어가는 장면에서 보이는 파란대문은 영화의 제목이자 진아의 자유를 제한하는 갇힌 공간의 출발점이기도 합니다. [사진24]의 상단 두 번째 스틸사진처럼 혜미와 진아가 처음 대문 앞에서 만났을 때 혜미는 진아가 들어오기 전 대문을 반쯤 닫아둡니다. 진아에게 적대적인 감정을 갖는 혜미의 심리상태를 잘 보여주죠. 그에 반해 영화의 후반부 조금씩 혜미가 진아를 이해하기 시작하면서 두 개의 파란색 창문에서 서로를 바라보는 장면을 보여줍니다. 아직 완벽히 진아와 교감이 이루어진 것은 아니지만 처음에 비해 상당히 심리적으로 가까워졌음을 알 수 있죠.

[사진24]의 하단 스틸사진처럼 영화는 진아의 캐릭터와 심리상태를 표현하기 위해 노란 색채를 가진 다양한 소도구와 배경을 활용합니다. 먼저 영화의 오프닝에서 진아는 자신을 상징하는 노란색 택시를 타고 포항에 도착합니다. 이어서 여

[사진24] 〈파란 대문〉의 파란색과 노란색의 상징적 의미

비밀번호: amormundi

인숙 주인이 담벼락에 벽화를 그리자 자신을 상징하는 노란색 나비를 그려 넣습니다. 벽화의 색채 대부분이 파란색으로 구성되어 있기 때문에 진아가 그려 넣은 노란색 나비는 매우 대조적인 분위기를 자아냅니다. 이는 진아와 혜미 가족과의 이질감을 상징적으로 처리한 장면이라고 볼 수 있겠죠. 노란색은 혜미에 대한 진아의 호의를 상징하는 소도구로도 적극적으로 활용됩니다. 시내 산부인과에서 나오다 비를 맞고 있는 혜미를 목격한 진아는 선뜻 자신의 노란 우산을 건네지만

혜미는 매몰차게 거절합니다. 또한 혜미가 평소 가지고 싶어 했던 노란색 마이마이 카세트 플레이어를 선물하지만 이마저도 혜미는 돌려주죠. 진아에 대한 혜미의 적대감을 노란색을 거부하는 상황으로 표현한 장면입니다. 그러나 결국 영화 후반부에서 혜미는 진아와 정서적으로 교감하게 되고 진정한 가족으로서 받아들이기를 주저하지 않습니다. 이런 심리적 변화를 관객에게 전달하기 위해 진아는 자신의 색깔을 간직한 노란 빛깔의 귤을 주고 혜미는 파란색과 노란색이 어우러진 해바라기 머리핀을 진아 머리에 꽂아주는 장면을 보여줍니다. 이렇게 〈파란 대문〉은 굳이 대사를 통하지 않더라도 색채를 통해 등장인물의 심리변화를 보여주고 더 나아가 전체 이야기 전개도 이끌어나갈 수 있음을 잘 보여줍니다.

스티븐 스필버그(Steven Spielberg) 감독의 〈쉰들러 리스트 Schindler's List〉(1994)는 흑백영화에서 사용된 단 하나의 색채가 얼마나 강렬한 정서적 효과를 불러일으킬 수 있는지를 잘 보여줍니다. 〈쉰들러 리스트〉는 2차 세계대전 당시 독일군의 유태인 학살정책 속에 1,100명의 유태인을 구해낸 쉰들러(리암 니슨 扮)의 실화를 영화화한 작품입니다. 쉰들러는 성공을 위해서라면 수단과 방법을 가리지 않는 기회주의자였으나 유태인 회계사인 스턴(벤 킹슬리 扮)을 만나면서 유태인 학살에 대한 양심의 소리를 듣기 시작합니다.

영화는 유태식 예배를 보여주는 1분 11초 분량의 오프닝 장면과 3분 40초 분량의 현재 시점의 엔딩 영상을 제외하고

비밀번호: amormundi

[사진25] 〈쉰들러 리스트〉
의 색채 활용

나머지 188분 동안의 전체 영상을 흑백으로 처리합니다. 그
러나 감독은 여기서 신의 한수를 둡니다. 바로 붉은 색채 계
열의 부분 컬러를 입힌 것이죠. 영화에서는 총 3번의 부분 컬
러 장면이 나오는데 그중 두 번은 쉰들러의 심리변화를 극대
화시키는 데 사용됩니다. 쉰들러의 심리변화는 영화에서 가
장 중요한 감정선입니다. 유태인을 이용하기를 주저하지 않
았던 기회주의자 쉰들러가 도대체 어떤 계기로 자신의 모든
것을 희생하면서 유태인을 살리려는 박애주의자로 변화되었
는가? 만약 이 감정선을 관객이 이해하고 받아들이지 못했다

면 〈쉰들러 리스트〉는 영웅의 일대기를 그린 그저 그런 전기(傳記)영화에 지나지 않았을 겁니다. 감독은 이 감정선의 극적인 변화를 붉은 색 외투를 입은 소녀를 통해 관객에게 전달합니다.

독일군은 유태인을 처형하기 위해 그들의 거주지에서 가스실로 이동시키려 합니다. 독일군은 사전예고 없이 유태인 거주지에 들이닥쳐 무자비하게 그들을 살육하죠. 쉰들러는 아내와 함께 이 모습을 멀리서 지켜보고 카메라는 롱 숏으로 이를 잡아냅니다. 이때 쉰들러의 시야에 가족과 떨어져 홀로 거리를 배회하는 붉은 코트를 입은 한 소녀가 들어옵니다. ([사진25]의 첫 번째 스틸사진) 제발 이 소녀만큼은 지옥에서 벗어났으면 좋겠다는 시선으로 응시를 하죠. 카메라는 소녀를 응시하는 쉰들러의 클로즈업과 정신없이 방황하는 소녀를 교차하여 보여줍니다. 소녀가 지나가는 길은 독일군이 학살한 유태인들의 시체로 넘쳐납니다. 쉰들러의 부인은 잔인한 이 광경을 더 이상 참지 못하고 먼저 떠나자고 합니다. 그러나 쉰들러는 소녀가 마음에 걸려 쉽게 자리를 떠날 수 없습니다. 마침내 소녀가 대열에서 이탈해 빈집으로 들어가는 장면을 보여줍니다. 쉰들러는 그제야 안도감을 느끼며 무엇인가를 결심한 듯한 표정을 지으면서 다시 한 번 학살의 현장을 응시합니다. 관객 역시 쉰들러 못지않게 안도감을 느꼈을 겁니다. 영화는 친절하게도 붉은 외투 소녀가 침대 밑으로 무사히 숨는 과정을 보여주니까요. 관객은 본능적으로 쉰들러가 유태인의 참상을 어린 소녀를 통해 처음으로 절실히 느꼈고 마침내 유태인을 도울 것이라는 감정을 자연스럽게 느끼게 됩니다. 이는 가스실로 끌려가는 유태인 집단의 잿빛 색채와 유일하게 컬러로 처리한 소녀의 핏빛을 대조시킴으로써 한층 더 강력한 비장미를 부여받았기 때문이겠죠.

영화는 한 번 더 극적인 감정선의 반전이 필요했습니다. 왜냐하면 처음 계기를 통해서는 쉰들러가 유태인을 위해 자신의 모든 것을 걸지는 않았으니까요. 지금까지 쉰들러의 선행이 유태인을 위한 인도적인 호의였다면 두 번째 계기는 그의 목숨까지도 내던지게 합니다. 독일군은 패전이 기정사실화되면서 점점 미쳐갑니다. 독일군은 자신들의 만행이 알려지는 것을 두려워한 나머지, 땅에 매장한 유태인들의 시체를 탑처럼 쌓고 소각하기 시작합니다. 카메라는 쉰들러의 눈이 되어 이들의 만행을 지켜봅니다. 이때 쉰들러와 관객 모두가 생존했을 것이라고 믿었던 그 붉은 외투 소녀가 참혹한 시신으로 달구지에 실려 오는 장면을 보여줍니다(두 번째 스틸사진). 쉰들러는 경악한 채 소녀의 시신이 불 속으로 던져지는 장면을 지켜봅니다. 자신의 양심의 목소리이자 마지막 희망인 소녀마저 참혹하게 주검으로 변한 모습을 지켜보며 쉰들러는 이제 모든 것을 걸고 유태인을 구하기로 결심합니다. 이제부터 바로 그 유명한 쉰들러 리스트가 작성되는 것이죠.

영화에서 사용된 또 하나의 부분컬러는 쉰들러 리스트로 인해 목숨을 구한 유태인들이 쉰들러 공장에서 치르는 유태

식 예배장면입니다. 앞서 사용된 부분컬러가 영화의 비장미
를 강조했다면 기도 장면에서 사용된 촛불의 오렌지색 계열
색채는 평온과 감사의 의미를 상징합니다. 유태교 기도문이
울려 퍼지는 동안 영화는 자막으로 쉰들러의 헌신을 알려줍
니다. 영화의 결말부에서 쉰들러는 유태인들에게 탈무드의
경구가 새겨진 반지를 감사의 선물로 받지만 오히려 유태인
을 더 살리지 못한 자신을 책망하며 오열합니다. 이 눈물이
배우의 연기가 아닌 당시 실제 쉰들러의 마음이라고 느낀 관
객이 있다면 그것은 전적으로 감독이 사용한 부분컬러 색채
의 효과라고 생각합니다.

스파이크 리(Spike Lee) 감독의 〈똑바로 살아라 Do The
Right Thing〉(1989)는 계절이 자아내는 분위기를 색채를
통해 강화시킨 대표적인 작품입니다. 〈똑바로 살아라〉는
1992년에 일어났던 L.A. 흑인폭동 사건의 전조를 보여준 영
화로서 더운 여름날 사소한 시비로 시작된 소동이 인종차별
적인 폭력으로까지 커져버린 상황을 그리고 있습니다. 영화
에서 더위(the heat)는 매우 중요한 역할을 담당합니다. 이
탈리아인과 흑인간의 충돌도, 경찰의 과잉진압으로 인한 한
흑인의 죽음도 결국 무더위로 인한 짜증과 불쾌지수로 인해
시작되기 때문이죠. 감독은 삼복더위가 자아내는 무덥고 지
루한 여름 한낮이란 느낌을 전달하기 위해 붉은 색채와 붉은
색조의 조명을 사용합니다. 이렇게 인위적으로 만든 리얼리
티를 통해 관객은 푹푹 찌는 여름날의 무더위를 영상을 통해

[사진26] 〈똑바로 살아라〉의 붉은 색채

비밀번호: amormundi

느낄 수 있게 된 것이죠. 이를 위해 [사진26]에서 보는 것처럼 집들의 벽을 도발적인 붉은 색으로 칠하고 파라솔 밑의 흑인배우들에게 흰색 계통의 의상을 입게 합니다. 또한 창가에 앉아 부채질하고 있는 노인을 중경에 놓고 후경에는 붉은색 건물을 붉은 색조의 조명과 함께 보여줍니다. 이렇게 얻어진 강렬한 영상을 통해 관객은 뉴욕 할렘가의 무료함과 짜증을 더욱 강하게 느낄 수 있게 됩니다. 결국 〈똑바로 살아라〉에서 사용된 붉은 색채의 질감은 흑인 폭동이 일어난 이유와 결과를 시각적으로 이야기해주는 주요한 장치로 기능하고 있습니다.

중국의 마지막 황제 부의의 일생을 다룬 베르나르도 베르톨루치 감독의 〈마지막 황제 The Last Emperor〉(1987)는 다양한 색채의 상징적 사용을 통해 특정 시대의 함축적인 의미를 정교하게 표현해냅니다. 먼저 어린 부의가 처음으로 자금성에 들어가 죽음을 앞둔 황후를 만나는 장면입니다. 성

[사진27] 〈마지막 황제〉의 색감을 통한 다층적 시대 분위기 표현

내부의 공간 색채는 전체적으로 붉은색 계열의 자몽색과 노란색이 지배하고 있습니다. 특히 자몽색은 그나마 부의의 일생 중 따뜻한 가족애를 느끼는 거의 유일한 시기라는 점에서 사랑과 생명을 상징한다고 볼 수 있습니다. 이어 황후가 승하한 후 열리는 어린 부의의 황제 즉위식 장면은 전통적으로 중국 황제의 권위를 상징하는 황금색이 지배적으로 사용됩니다. 이를 강조하기 위해 카메라는 화면 가득 황금색의 노란천이 흩날리는 모습을 트레킹 샷으로 따라갑니다. 한편 부의의 가정교사가 타고 온 녹색이 칠해진 자전거는 신문물의 상징이자 부의에게 자신이 허울뿐인 허수아비 왕으로서 자금성에 감금되어 있다는 사실을 주지시켜 주는 촉매제로 기능합니다. 부의는 친모의 부고 소식에 자전거를 타고 자금성을 나가보려고 하지만 문은 오히려 굳게 닫히고 말죠. 처음으로 우물 속의 개구리 같은 자신의 존재를 자각하는 순간입니다. 이제 부의는 본격적으로 어두운 인생의 터널을 지나가게 됩니다. 정치범으로 10년간 교도소에서 복역하게 되죠. 이 우울한 시절을 앞선 시대와 명확히 구분시켜주기 위해 회

색빛이 감도는 잿빛 톤을 주로 사용합니다. 또한 자금성을 떠나 일본의 지시에 따를 수밖에 없는 괴뢰정부 만주국 시절은 주로 차갑고 냉혹한 기분을 자아내는 푸른색이 지배적으로 사용됩니다. 끝으로 다시 만주국의 황제로 등극할 때는 어린 황제시절과 유사한 자몽색과 노란색이 부분적으로 사용되지만 예전만큼의 화려한 색감이 아닌 어딘지 모르게 황량한 사막 같은 색채로 표현됩니다.

(2) 조명과 톤

조명은 영화의 톤과 화질을 좌우하는 중요한 미장센 요소입니다. "영화는 빛의 예술이다"라는 말도 있듯이 빛에 의해서 영화의 분위기를 창조하고 인물의 심리묘사를 할 수 있으며 공간의 깊이까지도 만들어낼 수 있습니다. 따라서 빛은 영상표현의 중요한 수단이자 동시에 미장센 분석에서도 중요한 한 요소가 되는 것이죠.

인간의 눈은 빛이 희미한 곳에서도 어느 정도 볼 수 있지만 필름은 인간의 시각에 비해 감도가 낮기 때문에 빛이 없다면 촬영을 할 수가 없습니다. 따라서 조명의 최우선의 목적은 촬영 시 필름에 기록이 될 수 있게 빛을 공급해 주는 것입니다. 그러나 이것이 영화에 있어 조명의 역할의 전부가 아닙니다. 조명이 미장센에서 차지하는 진짜 중요한 점은 영화를 미학적으로 좀 더 아름답게 하고 작품의 주제를 일관되

빛의 방향	프론트 라이트(front light)	가장 능률적인 광선 입체감의 부족으로 뉴스용에 적합
	사이드 라이트(side light)	그림자로 인한 질감, 입체감 생성
	백라이트(back light)	피사체의 윤곽을 강화 배경으로부터의 거리감 제공
	언더 라이트(under light)	유령, 공포, 괴기스러운 효과
	크로스 라이트(cross light)	피사체의 특징을 강화
	키커 라이트(kicker light)	역광에 가까운 측광 윤곽선을 강조
광원의 성질	스폿 라이팅(spot lighting)	그림자로 인한 입체감이 강함
	플랫 라이팅(flat lighting)	그림자의 부재로 입체감이 없음
	컬러 라이팅(color lighting)	색광조명, 컬러 필터 이용 ex) 저녁노을, 달빛
톤의 분류	로우 키 톤(low-key tone)	화면일부제외 어두운 조명 중후, 심리적인 표현효과에 사용
	미디엄 키 톤(medium-key tone)	화면전체 명암 있는 보편적 화조 멜로드라마에서 주로 사용
	플랫 키 톤(flat-key tone)	평평한 화조: 부드러움, 약한 입체감
	하이 키 톤(high-key tone)	밝은 화조: 코미디, 회상, 꿈 장면

[표3] 조명의 종류와 역할

게 표현하는 것입니다. 실제로 화면에서 밝음과 어둠의 정도를 조정하는 것만으로도 인물의 심리묘사와 갈등을 표현할 수 있습니다. 이렇게 조명은 단지 피사체에 빛을 비추는 것뿐만 아니라 감독의 제작의도에 정확하게 부합하는 화면을 만드는데 반드시 필요한 요소라고 할 수 있습니다.

조명은 [표3]과 같이 크게 빛의 방향, 광원의 성질, 톤의 종류에 따라 세부적으로 분류됩니다. 이 중 미장센 분석에서 많이 다루는 요소는 톤의 분류에 따른 조명입니다. 밝음과 어둠, 빛과 그림자와 같은 조명의 톤을 어떻게 창조하느냐에

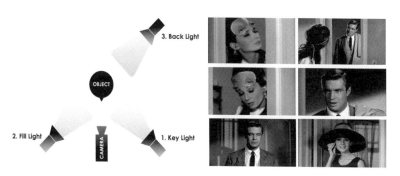

[그림7] 삼점 조명의 원리

따라 인물의 심리묘사와 갈등을 나타낼 수 있으며 작품의 분위기에 어울리는 조명의 톤을 설정해야지만 관객의 공감을 얻을 수 있습니다. 미장센 분석에서 가장 많이 사용되는 하이키 & 로우키 조명에 대해서 알아보기 전에 먼저 조명 디자인의 가장 기본이라고 할 수 있는 삼점 조명(three-point lighting)에 대해서 알아보죠.

할리우드 영화는 전통적으로 삼점 조명을 주요 조명으로 사용합니다. 삼점 조명이란 말 그대로 세 지점에서 조명을 비추는 것을 말하죠. 삼점 조명에서 주광(key light)은 보통 연기자의 얼굴을 비춰주는 조명의 주된 원천이며 제일 두드러지는 광선입니다. 여기에 다른 두 개의 조명인 보조광(fill light)과 역광(back light)이 덧붙여지는 것이지요.

남녀가 대화를 나누는 장면을 촬영한다고 할 때 주광은 보통 카메라의 약간 오른편에서 비추게 됩니다. 정면에서 조명을 비추면 배우들의 얼굴이 평면적으로 보이기 때문에 약간 오른쪽에서 주광을 비춰주는 것이죠. 그러다 보니 배우의 오른쪽 얼굴에 그림자가 드리우게 되고 이를 상쇄하기 위해 보조광이 필요하게 되는 것이지요. 부족한 밝기를 채워준다고 생각하면 됩니다. 이때 조명의 밝기는 보통 주광이나 보조광이나 같습니다. 그렇다면 역광은 어떤 역할을 할까요? 피사체의 뒤쪽에서 비추는 광원인 역광은 배우와 배경 간에 삼차원적인 공간감을 부여하기 위해서 쓰게 됩니다. 다시 말해 배우와 배경이 잘 어울리게 하기 위해서 사용하는 것이지요. 이런 점을 염두에 두고 조명 디자인의 두 번째 유형인 로우키 조명과 하이키 조명의 차이를 살펴보죠.

먼저 로우키 조명은 약한 보조광에 비해 상대적으로 밝은 주광이 특징입니다. 일반적으로는 주광이나 보조광이나 밝기가 모두 같지만 로우키 조명에서는 일부러 보조광을 약하게 하여 그림자가 지는 부분을 만들어 내는 것이지요. 그래서 로우키 조명은 보다 강한 콘트라스트(contrast)를 창출하고 더 나아가 보다 선명하고 어두운 그림자를 만들어냅니다. 다시 말해 밝기의 대비를 이용해 상대적으로 더 어둡게 찍는 기법이라고 이해하면 되겠죠. 따라서 자연스럽게 화면 자체가 전반적으로 어둡다는 인상을 주고 이는 서스펜스를 구축하거나 음울하고 섬뜩한 분위기에 잘 어울립니다. 그래서 보통 로우키 조명은 [사진28]의 첫 번째 스틸사진인 〈이중배상 Double Indemnity〉(1944)과 같은 느와르(Noir)·갱스터 영화와 미스터리, 스릴러, 공포 영화 등에 많이 쓰입니다.

[사진28] 로우키 & 하이키 조명의 예

비밀번호: amormundi

　하이키 조명은 로우키 조명과는 정반대라고 보면 됩니다. 하이키 조명은 주광과 보조광을 거의 같은 밝기의 강도로 사용합니다. 따라서 장면 전체에 조명이 고르게 비추고 밝은 부분과 어두운 부분간의 명암 대비가 약하며 그림자가 지는 부분이 상대적으로 적습니다. 당연히 로우키 조명에 비해 밝고 명랑한 분위기가 물씬 풍겨나게 되겠지요. 그래서 주로 하이키 조명은 [사진28]의 두 번째 스틸사진인 〈사운드 오브 뮤직 The Sound of Music〉(1965) 같은 뮤지컬 영화와 코미디 영화에서 주로 사용됩니다. 이처럼 우리는 조명 디자인만 보고도 이 영화가 어떤 장르인지를 파악할 수 있게 됩니다. 그렇지만 조명 디자인 역시 다른 미장센 요소처럼 이 기준이 절대적인 것은 아닙니다. 미장센은 수학 공식이 아니니까요. 색채분석에서도 보았듯 때로는 의도적으로 로우키 조명과 하이키 조명의 특성을 역이용하는 경우도 종종 있습니다. 가장 대표적인 장면 중 하나가 〈로드 투 퍼디션 Road to

Perdition〉(2002)의 엔딩 부분에 나옵니다. [사진28]의 세 번째 스틸사진의 조명 디자인만 보면 이 장면은 하이키 조명입니다. 그러나 영화는 갱스터 장르고 이 장면은 킬러에게 저격을 당하는 주인공의 비극적인 죽음을 다룹니다. 관객에게 의도적으로 영화의 모든 사건이 종료된 것처럼 믿게 하기위해 밝은 기분을 자아내는 하이키 조명을 보여준 후 갑자기 반전의 상황을 의도적으로 보여준 것이죠. 지금까지 알아본 조명의 기본 디자인에 대한 설명을 토대로 이제 본격적으로 영화에서 사용된 조명의 실례에 대해서 알아보겠습니다.

영화에 사용되는 조명은 작품 성격에 따라 일반적으로 극적 조명(dramatic lighting)과 사실적 조명(natural lighting)으로 나뉩니다. 먼저 극적 조명부터 만나볼까요?

극적 조명은 말 그대로 관객에게 극적인 효과를 주기 위해 주광과 보조광의 대비를 강하게 만들면서 피사체를 강조하는 인공적인 조명을 말합니다. 특히 인물의 어깨와 머리 위에 강한 빛을 떨어뜨려 해당 인물의 캐릭터를 강조하는 경우

☞ **콘트라스트(contrast)와 필름 느와르(Film Noir)**

- 밝은 부분과 어두운 부분의 차이, 즉 흑백(黑白)의 대비를 가리킵니다. 콘트라스트가 강하다는 것은 밝은 부분과 어두운 부분의 차가 크다는 것을 의미합니다.

- 1940년대 말과 1950년대 초 미국 영화를 지배한 필름 느와르는 범죄와 폭력을 주로 다루는 영화로서 로우키 톤의 심도 깊은 화면과 콘트라스트가 강한 화면이 특징입니다.

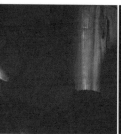

[사진29] 〈지옥의 묵시록〉의 측면조명

비밀번호: amormundi

가 많죠. 인물의 성격 창조에 조명을 활용한 대표적인 예로 프란시스 포트 코폴라(Francis Ford Coppola) 감독의 〈지옥의 묵시록 Apocalypse Now〉(1979)을 살펴보겠습니다.

영화에서 무공훈장을 받은 최고의 군인이었지만 어느 순간 미국을 배반하고 자신만의 독자적인 왕국을 건설한 커츠 대령 역을 맡은 말론 브랜도(Marlon Brando)는 사실 주연이라고 하기에는 출연시간이 극히 짧습니다. 그럼에도 불구하고 영화를 본 관객은 말론 브랜도의 존재감에 압도당해 모두들 그가 영화의 주인공이라고 생각하게 됩니다. 물론 그의 연기가 출중한 면도 있지만 커츠 대령을 비춰주는 조명 역시 그의 카리스마 형성에 크게 이바지했다고 할 수 있죠. [사진29]에서 보듯이 영화는 커츠 대령의 신비감을 극대화하기 위해 측면 조명(side lighting)을 적극 활용합니다. 측면 조명은 피사체의 절반에만 빛을 드리우기 때문에 그림자로 인한 질감과 입체감이 생성된다는 특징을 갖습니다. 커츠 대령에게 비춘 이러한 측면 조명은 그의 분열된 인성과 양면적인 성격을 관객에게 전달하는 데 매우 효과적으로 기능했다고 할 수 있습니다.

또 하나의 고전적인 극적 조명의 사례를 알프레드 히치콕(Alfred Hitchcock) 감독의 〈싸이코 Psycho〉(1960)를 통해 알아보겠습니다. 〈싸이코〉는 후면 조명(back lighting)의 사용과 전등을 이용한 조명효과로 공포감을 극대화합니다. 마리온(쟈넷 리 扮)이 샤워 중 살해당하는 신이 지금도 공포영화사상 최고의 명장면으로 꼽히는 이유는 다양합니다. 약 45초 동안 무려 60개의 숏으로 구성한 편집기법, 음악감독 버나드 허만(Bernard Hermann)의 귀를 긁는 듯한 현악곡, 이 장면을 위해 70번의 카메라 조정과 1주일을 촬영한 감독의 뚝심 등 수 많은 요소들이 결합한 결과입니다. 그래도 이 장면이 자아내는 긴장감과 공포심을 배가시킨 일등공신은 바로 후면 조명과 결합된 카메라 앵글에 있습니다.

광원이 피사체 뒤에서 비추는 후면 조명은 인물의 표정과 정체를 알아볼 수 없게 하기 때문에 훨씬 더 위협적으로 보이게 합니다. 또한 화면의 깊이를 배가시키기 때문에 대상을 신비롭게 보이게 할 수 있죠. 실제로 [사진30] 상단부의 스틸 사진처럼 마리온을 칼로 난자하는 살인자의 표정과 정체를 알 수 없게 함으로써 관객의 공포심을 배가시키고 있습니다. 이러한 후면 조명의 사용을 극대화해준 것이 바로 부감과 앙

[사진30] 〈싸이코〉의 후면 조명과 전등효과

비밀번호: amormundi

각 앵글의 사용이죠. 자세히 보면 후면 조명을 받은 살인자를 철저하게 앙각으로 보여주기 때문에 칼이 마치 살인자의 팔처럼 더 길게 보이는 효과를 줍니다. 반대로 희생자인 마리온은 부감으로 잡아줌으로써 그녀가 느끼는 공포감이 그대로 관객에게 전달되게 됩니다. 마치 마리온이 아닌 관객인 내가 칼에 찔리는 듯한 생생한 느낌이 전달된다고나 할까요.

〈싸이코〉에는 이렇게 공포심을 배가시키는 조명을 적극적으로 활용한 또 다른 명장면이 있습니다([사진30] 하단부 스틸사진). 실종된 마리온을 찾기 위해 언니 라일라(베라 마일즈 扮)가 모텔로 찾아옵니다. 그녀는 조심스럽게 지하실을 살펴보기 위해 내려가죠. 라일라가 회전의자에 앉아 있는 노부인의 어깨를 만지는 순간, 카메라는 서서히 돌아가며 이미 죽은 지 한참이 지난 미라의 모습을 클로즈업으로 잡아내죠. 이때 라일라는 비명을 지르며 지하실 전등을 손으로 쳐 버립니다. 흔들리는 전등이 만들어내는 일렁이는 불빛으로 인해 지하실 공간에는 움직이는 그림자가 다양하게 만들어집니다. 칼을 들고 뛰어들어오는 베이츠(안소니 퍼킨스 扮)의 모습을 더욱 무섭게 보이게 하죠. 흔들리는 조명이 주는 효과의 압권은 미라의 움푹 패인 두 눈에 그림자가 만들어지는 모습을 보여줄 때입니다. 정말 모골이 송연해진다는 기분을 느끼게 합니다. 이렇게 인물의 액션과 조명효과를 절묘하게 극대화시킨 장면은 이후 많은 공포·스릴러 영화에서 재연되게 되는데요. 〈남영동 1985〉(2012)의 오프닝에서도 흔들리는 전등을 이용한 장면이 나옵니다.

정지영 감독의 〈남영동 1985〉는 故 김근태 의원의 자전적 수기 『남영동』을 토대로 만들어진 작품입니다. 영화는 고문이 인간의 육체뿐만 아니라 영혼까지 파괴하는 끔찍한 행위임을 고발하고 있습니다. 민주화운동가 김종태(박원상 扮)는 영문도 모른 채 경찰관에게 연행되어 불빛 하나 없는 남영동 지하실로 끌려옵니다. 고문관 중 우두머리가 손전등을 김종

[사진31] 〈남영동 1985〉의 오프닝 장면

비밀번호: amormundi

태의 얼굴에 비추는 가운데 고문관들의 무자비한 폭행이 시작됩니다. 이때 지하실 천정에 있는 전등이 켜지고 고문관이 든 야구방망이가 전등을 치면서 움직이는 그림자가 만들어지죠. 그림자로 인해 고문관의 존재는 더욱 무섭게 느껴지고 반대로 희생자인 김종태의 존재는 한없이 작게만 느껴집니다. 〈싸이코〉에서 사용된 전등의 효과가 공포심을 배가시키는데 기여했다면 〈남영동 1985〉에서의 전등은 참혹함, 절망감, 수치심을 극대화시키고 있습니다.

이렇게 인위적으로 창조된 극적 조명과는 달리 사실적 조명은 현실에서 볼 수 있는 자연스러운 화면을 추구합니다. 사실적 조명으로 촬영된 영상은 과장된 강한 조명이 사용되지 않기 때문에 그림자도 강하지 않고 전체적으로 부드럽고 평면적인 느낌을 줍니다. 주로 1940~1960년대 유럽 감독들로부터 비롯된 사실적 조명은 오늘날 할리우드 영화에서도 적극 이용되고 있습니다. 할리우드에서 사실적 조명의 예로 가장 많이 꼽는 영화는 테렌스 멜릭(Terrence Malick) 감독의 〈천국의 나날들 Days Of Heaven〉(1978)입니다.

아름다운 자연을 배경으로 혹독한 가난과 계급차별 등 미국 대공황 시기의 사회상을 사실적 영상으로 묘사한 〈천국의 나날들〉은 인공조명을 피하고 자연조명을 고수한 작품으로 유명합니다. 멜릭 감독은 전기가 대중화되지 않았던 당시의 시대상을 있는 그대로의 모습으로 보여주기 위해 전반적인 주광원을 태양빛에 의존합니다.

자연광을 선호한 멜릭 감독의 특징은 해질 무렵 들판의 모습을 보여주는 [사진32]의 첫 번째 스틸사진에서 잘 나타납니다. 하늘을 유심히 보면 아직 태양빛의 잔영이 남아 있고 그 빛은 대단히 부드럽게 느껴집니다. 태양의 마지막 빛을 받은 들판의 풍경과 농부들의 모습은 인공적인 조명이 아무리 뛰어나더라도 결코 재연해내지 못할 자연의 아름다움을 서정적으로 묘사합니다. 이렇게 석양 속에 서 있는 농부들의 모습을 자연광만으로 포착한 매혹적인 장면은 관객으로 하여금 마치 인상파 화가의 작품을 영상으로 옮긴 듯한 착각을 불러일으키기에 충분하죠.

문제는 [사진32]의 두 번째와 세 번째 스틸사진처럼, 태양빛이 없는 밤의 모습을 촬영하는 것이었습니다. 1970년대 후반까지는 현재와 같은 고감도 필름(high sensitivity film)이 없었기 때문에 어둠 속에서 석유등 불빛만으로 촬영한다는 것은 불가능했습니다. 좀 더 밝은 광원이 필요했던 감독

과 촬영감독은 약간의 인위적인 장치를 고안해 냅니다. 석유등 속에 전구를 넣어 촬영하는 것이었죠. 엄밀한 의미에서 100% 자연광은 아니더라도 실제 석유등에서 나오는 광원을 제외하고 그 어떤 인공적인 조명을 사용하지 않았기 때문에 당시의 시대상을 왜곡되지 않고 촬영했다고 할 수 있습니다. 이렇게 촬영된 영상으로 인해 주요장면 중 하나인 메뚜기 떼와의 처절한 사투 장면과 불에 타는 밀밭의 모습을 사실적으로 보여줄 수 있었습니다.

[사진32] 〈천국의 나날들〉의
자연광 조명
비밀번호: amormundi

스탠리 큐브릭 감독의 〈배리 린든 Barry Lyndon〉(1975)은 사실적 조명에 대한 또 하나의 교과서적 사례를 보여줍니다.

큐브릭 감독은 영화의 배경인 18세기의 분위기를 사실적으로 묘사하기 위해 처음부터 인공적인 조명을 배제하고 자연스러운 조명으로 시대를 재현하려고 했습니다. 전기를 매

119

[사진32-1] 〈배리 린든〉의 사실적 조명 묘사

개로 한 인공조명으로는 18세기의 사실적인 색채와 질감을
온전히 담아내지 못할 거라고 생각한 것이죠. 특히 낮 장면
은 물론이고 밤 시간대를 촬영하는 데 있어서도 인공조명을
철저히 배제한 채 당시 일상생활 속 주된 광원이었던 촛불만
으로 촬영하기로 결정합니다. 그런데 문제는 1970년대 필름
기술력으로는 부족한 촛불의 광원만으로 제대로 된 촬영을
할 수가 없었다는 데 있습니다. 이때 큐브릭 감독 특유의 실
험정신이 빛을 발합니다. 부족한 광원을 보충하기 위해 빛을
많이 흡수할 수 있는 특수렌즈를 개발하기로 한 것이죠. 큐
브릭은 결국 미국항공우주국(NASA)을 위해 제작된 자이스
(ZEISS)社의 50mm 스틸 카메라 렌즈를 영화 카메라용으로
개조하는 데 성공합니다. 덕분에 촛불로만 비춰지는 실내 장
면을 사실적으로 촬영할 수 있었죠. 촛불을 이용한 자연적
조명과 특수렌즈로 촬영된 밤 장면은 총 13개 신으로 전체
상영시간 중 약 6분여에 해당됩니다. 광원이 촛불밖에 없기
때문에 화면은 전체적으로 심도가 매우 낮고 전경을 제외한
중경과 후경 대부분의 초점이 흐리게 묘사됩니다. 큐브릭은

영화의 상황전개에 따라 심도를 깊게 할 필요가 있을 때는 촛불의 양을 늘리거나 선명하게 초점이 잡히는 영역을 최소화할 때는 촛불의 수를 줄여 광원을 조절했습니다. 인공조명을 사용할 때보다 더 많은 시간과 노력이 뒤따랐지만 자연광으로 잡아낸 의상, 세트, 분장 등이 카메라와 절묘하게 어우러져 한 장면마다 마치 한 폭의 그림을 보는 듯한 느낌을 선사하기에 부족함이 없습니다. 또한 18세기 부르주아 사회를 향한 큐브릭의 냉소와 조롱이 한층 더 깊게 관객에게 전달될 수 있었습니다.

한국영화 중 자연광으로 촬영된 대표적인 영화는 이창동 감독의 〈초록 물고기〉(1997)를 들 수 있습니다. 故 유영길 촬영감독의 빛을 다루는 탁월한 미학적 성취를 잘 보여주는 영화이기도 하죠. 특히 〈초록 물고기〉는 고감도 필름을 사용해 사실적 조명의 효과를 극대화한 작품입니다.

[사진33]의 첫 번째 스틸사진은 이제 막 군대를 제대한 막둥(한석규 扮)이가 신도시로 변해버린 일산 고향 집으로 가는 장면입니다. 인공적인 조명 없이 주변의 가로등만으로 촬영된 영상이죠. 카메라는 왼쪽에서 오른쪽으로 패닝하며 천천히 동네 입구로 걸어오는 막둥이를 잡아줍니다. 지하철이 들

☞ **고감도 필름(high sensitivity film)**
- 빛에 매우 예민하게 반응을 하는 필름을 말합니다. 주로 야간이나 조명 상태가 좋지 않은 곳에서 촬영할 때 사용됩니다.

어와 있고 동네 주변은 이미 아파트가 들어서 있는 등 막둥이가 살았던 3년 전에 비해 많은 것이 변했겠죠. 카메라는 이리저리 동네를 훑어보는 막둥이의 뒷모습을 지긋이 바라봐줍니다. 군복무라는 시간의 공백을 지닌 주인공 막둥이의 시선을 통해 신도시로 변한 고향을 관찰하게 하는 것이죠. 그래서인지 막둥이의 동선을 따라 보이는 동네 입구의 디테일이 세월의 흐름을 짐작하게 해줄 정도로 훌륭하게 살아 있게 됩니다. 두 번째 스틸사진은 배태곤(문성근 扮) 사장의 소개로 다음날 면접을 보러가는 막둥이의 잠 못 이루는 심경을 역시 TV 모니터의 불빛과 창문 밖 가로등의 불빛만으로 묘사한 장면입니다. 인위적인 조명을 추가하지 않았기에 화면에 밤 신 특유의 푸른빛이 보이지 않습니다. 창 밖에서 들리는 바람소리와 떨리는 나뭇잎을 통해 잠 못 이루는 8월의 깊은 밤의 정취를 관객에게 전달해줍니다. 마지막 스틸사진은 막둥이가 태곤에게 칼에 찔리는 장면을 인공적인 조명 없이 고감도 필름만으로 포착한 장면입니다. 막둥이는 태곤이 지시한 살인을 저지른 후 심리적으로 매우 불안해합니다. 태곤은 막둥이를 안심시키기 위해 버려진 시장 골목으로 불러내죠. 카메라는 좁은 골목으로 들어간 두 인물을 잡아주지만 조명이 없기 때문에 그들의 윤곽만이 보입니다. 태곤은 담배를 꺼내 불을 붙이려 하지만 이내 곧 꺼집니다. 성냥불이 켜지자 화면에 희미하게 둘의 위치가 드러납니다. 태곤은 한번 더 성냥불에 불을 붙이지만 또 한 번 꺼집니다. 이번에는

막둥이가 라이터에 불을 붙여 태곤에게 주려고 하는 그 순간 태곤은 갑자기 막둥이를 칼로 찌릅니다. 막둥이가 손에 쥔 라이터 불빛이 흔들리며 땅에 떨어지고 화면에는 태곤의 담뱃불만 보입니다. 카메라는 태곤이 골목에서 나오는 장면에 이어 비틀대며 나오는 막둥이의 일그러진 얼굴을 보여주죠. 결국 막둥이는 태곤의 차 앞 유리에 얼굴을 묻고 서서히 죽어갑니다. 인공적인 조명으로는 느끼지 못할 막둥이의 배

[사진33] 〈초록 물고기〉의
고감도 필름과 자연광

비밀번호: amormundi

신감과 허무함이 고스란히 관객에게 전달되는 장면입니다. 재미있는 점은 영화에서 사용된 고감도 필름의 감도가 얼마나 좋은지, 두 번째 성냥불을 막둥이가 입김으로 끄는 장면이 보인다는 것입니다. 일종의 NG죠.

이창동 감독의 첫 번째 디지털 영화인 〈버닝 BURNING〉 (2018) 역시 자연광으로 촬영된 뛰어난 영상미를 보여줍니

다. 특히 〈버닝〉은 매직아워(magic hour) 시간대를 십분 활용해 사실적 조명의 효과를 극대화한 작품입니다. 매직아워란 일반적으로 일출 전과 일몰 후 지속되는 약 30여 분간의 시간을 의미합니다. 특히 영화나 사진에서 많이 사용되는 시간대는 해가 지고 하늘이 어스름해지는 황혼 때입니다. 왜 이 시간대를 매직아워라고 부를까요? 황혼 때 촬영하면 믿을 수 없을 만큼 아름다운 영상이 나오지만 그 시간이 너무 짧아 마치 어려운 마술이 펼쳐지는 기적 같은 시간 같다고 해서 붙여진 표현입니다. 실제로 매직아워는 광원이 되는 태양빛이 점차 사라짐에 따라 하늘은 보랏빛이나 노란빛을 띠게 되고 색상은 부드럽고 따뜻하게 표현됩니다.

겉으로 보기에 〈버닝〉은 세 연인의 시시콜콜한 삼각관계를 그리는 이야기로 보이지만 한 꺼풀 벗겨보면 새로운 장르적 실험과 예술적 은유를 통해 계급차이로 인해 발생되는 사회적 불평등을 아주 격렬하게 풀어낸 작품입니다. 그래서 영화 곳곳에 다소 난해한 상징적 이미지가 많이 등장하는 편입니다. 덕분에 해외 평단에서는 〈버닝〉을 이창동의 영화 중 가장 추상적이고 가장 아름다우며 가장 놀라운 작품으로 평가합니다. 실업과 경제적 불평등으로 쇠약해진 불안정한 한국 사회를 함축적으로 그려낸 〈버닝〉에서 가장 돋보이는 장면은 역시 뭐니 뭐니 해도 해미(전종서 扮)가 파주의 석양 노을을 배경으로 이른바 그레이트 헝거 춤을 추는 신입니다. 홍경표 촬영감독은 보랏빛으로 물든 하늘을 배경으로 펼쳐

[사진34] 〈버닝〉의 사실적 조명 묘사(00:07:40~01:12:06)

지는 해미의 판타스틱한 몸짓을 자연광과 유려한 롱 테이크 움직임으로 포착하죠. 종수(유아인 扮)와 벤(스티븐 연 扮) 그리고 해미는 파주에 위치한 종수의 집 마당에서 대마초를 나눠 피웁니다. 시간이 흘러 석양이 지자 해미는 옷을 벗으며 기묘한 춤사위로 자신의 감정을 표출하죠. 카메라는 패닝을 통해 이런 해미의 움직임을 앙각으로 잡아냅니다. 춤사위가 끝난 후 해미는 프레임에서 퇴장하지만 카메라는 텅 빈 석양 아래 보랏빛과 주황색이 어우러진 파주의 아름다운 산자락을 패닝으로 잡아내며 감정의 여운을 살려줍니다. 때로는 눈물을 글썽거리며 또 때로는 알 수 없는 미소를 지으며 추는 해미의 처연한 몸짓과 집 앞마당에 펄럭이는 태극기의 이미지 그리고 텅 빈 파주의 지평선. 앞서 등장한 벤의 공간인 화려한 강남의 거리와 대비되는 종수의 파주 공간은 영화에서 매우 중요한 상징성을 가지게 됩니다. 이런 상반된 풍경을 창백하고도 냉기 서린 미장센으로 담아낼 수 있었던 것은 역시 마술 같은 자연광의 희미한 빛 때문이 아니었을까요? 정말 뛰어난 연출력이 느껴지는 장면입니다.

[사진35] 셔레이드(제스처) 게임

3) 셔레이드(Charade) 코드

셔레이드를 사전에서 찾아보면 "사람의 몸짓을 보고 그것이 나타내는 말을 알아맞히는 제스처(gesture) 게임"이라고 나옵니다. 먼저 사회자가 단어 하나를 첫 번째 주자에게 보여줍니다. 나머지 주자들은 서로를 보지 못한 채 한 명씩 바로 앞사람의 제스처 만을 보고 단어를 판단해서 다음 사람에게 자신 만의 제스처로 전달하는 것이죠. 결국 마지막 주자가 처음 주자에게 보여준 것과 똑 같은 단어를 말하면 이기는 게임입니다. 한번쯤 다들 해본 기억이 있지요.

영화를 비롯한 영상예술에서 사용하는 셔레이드도 비슷한 의미를 가집니다. 언어를 사용하지 않고 표정이나 동작만으로 생각과 마음을 전달하는 것이죠. 그런데 영상에서의 셔레이드는 일반적인 제스처 게임보다 그 의미가 조금 더 확장됩

126

百聞不如一見
일백백 들을문 아닐불 같을여 한일 볼견
백번 듣는 것보다 한 번 보는 것이 낫다

[그림8] 속담을 통한 셔레이드의 이해

니다. 대사 이외의 모든 비언어적인 수단을 동원하여 인물 내면의 감정이나 심리를 표현할 수 있는 것으로요. 그래서 영상예술에서의 셔레이드는 화면상의 소도구와 공간을 적극적으로 활용합니다. 곰곰이 생각해보면 셔레이드야 말로 시각예술로서의 영상의 장점을 최대한 활용한 것이라고 할 수 있습니다. 따라서 미장센을 구성하는 요소 중에서도 촬영코드와 더불어 가장 중요한 요소라고 할 수 있죠.

영상예술로서의 셔레이드를 보다 잘 이해하기 위해 "백문(百聞)이 불여일견(不如一見)"이라는 속담을 예로 들까 합니다. 말 그대로 "백 번 듣는 것이 한 번 보는 것보다 못하다"는 뜻이죠. 물론 속담의 진짜 의미는 "무엇이든지 실제로 경험해 보아야 확실히 안다."라는 뜻이지만 영상미학에 이 속담을 살짝 대입해보면 다음과 같은 의미심장한 뜻이 들어있음을 알 수 있습니다. "백 번 대사로 말하는 것보다 한 번 셔레이드로 보여주는 것이 낫다." 그렇습니다. 영상예술이 인접 예술과 비교하여 가장 극명하게 차이가 나는 부분은 시·청각 예술이라는 점입니다. 그중에서도 시각적인 이미지를 통해 감정과 의미를 전달할 수 있다는 것이 가장 큰 장점이자 특징이지요.

그렇다면 셔레이드는 언제부터 영화에 사용된 것일까요? 셔레이드는 영화 역사의 탄생부터 발전했다고 볼 수 있습니다. 연극이 주로 배우의 대사에 의존하여 메시지를 전달했던 것에 비해 초기 무성영화는 대사를 통해 메시지를 전달하는 것이 불가능했기 때문에 배우의 심리 표현이나 세세한 감정을 전달하기 어려웠죠. 영화는 이를 극복하기 위해 시각적인 표현술을 극대화하는 방향으로 발전하면서 연극과는 다른 독자적인 표현 영역을 구축하게 됩니다. 그것이 바로 셔레이드였습니다. 그래서 무성영화를 보면 소도구나 배우의 표정, 동작, 행위 등을 통해 화면의 감정과 의미를 관객에게 전달하려는 표현기술이 고도로 발달했음을 알 수 있습니다.

그러나 아이러니하게도 1920년대 후반 사운드가 도입된 후 영화가 대사에 점점 의존하게 되면서 셔레이드의 장점이 약화되게 됩니다. 사운드라는 또 다른 무기를 얻은 대신 정작 자신의 뿌리라고 할 수 있는 '무언(無言)의 힘'을 잃어버리게 된 것이죠. 실제로 영화에 처음 사운드가 도입되던 시절 많은 영화인들이 영화만의 정체성이 사라질 것을 두려워 해 극렬히 반대하기도 했습니다. 그렇다고 사운드가 영화의 독자적인 예술성을 방해했다는 말은 아닙니다. 어느 정도 사운드 기술이 안착한 후 영화는 이미지와 사운드의 결합이라는 또 하나의 강력한 무기를 장착한 예술로 성장하게 됩니다.

그럼 이제부터 본격적으로 셔레이드에 대해 알아볼까요? 셔레이드 기법은 무엇을 이용하느냐에 따라, 그리고 사용하

분류 기준	셔레이드 종류
사용 대상	신체언어(안면 표정, 제스처)
	소도구
	상징 요소
사용 목적	인물 성격/심리
	인물 관계/상황
	장소 묘사

[표4] 셔레이드의 분류

는 목적에 따라 다양하게 분류할 수 있습니다. 물론 [표4]의 셔레이드 기법의 분류는 독립적이라기보다는 상호 연결되는 분류라는 점을 잊어서는 안 되겠죠. 먼저 셔레이드는 무엇을 이용할 것인가, 즉 사용대상에 따라 신체언어, 소도구, 상징 요소로 분류할 수 있습니다.

신체언어를 이용하는 셔레이드는 가장 기본적인 기법이라고 할 수 있습니다. 말 그대로 신체의 모든 기관을 이용해 감정과 의미를 만들어내는 것이지요. 눈·코·입·혀 등 안면 표정을 주로 이용할 수도 있고 어깨·손·발·다리 등 제스처를 활용할 수도 있습니다. 특히 관객은 전통적으로 배우의 표정과 동작에 집중하기 때문에 신체언어는 셔레이드 기법의 중심이라고 할 수 있죠. 실제로 배우의 안면 표정은 복잡하고 미묘한 심리 표현을 관객에게 직접 전달할 수 있는 강력한 호소력을 가지며 제스처 역시 신체 각 기관의 유기적인 움직임을 통해 감정을 전달하는 훌륭한 무기가 될 수 있습니다.

신체언어를 통해 어떻게 감정과 의미가 전달되는지 그리피스(D. W. Griffith) 감독의 〈인톨러런스 Intolerance〉(1916)를 통해 알아보죠. 그리피스는 영화에 클로즈업을 효과적으로 사용한 최초의 감독이자 셔레이드 기법의 유용성을 가장 먼저 인식한 선구자입니다. 이런 의미에서 클로즈업과 셔레이드는 떼려야 뗄 수 없는 불가분의 관계라고 할 수 있지요. 그리피스는 관객이 영화의 이야기 속에 좀 더 강하게 몰입할 수 있는 많은 장치들을 실험했습니다. 그중에서도 클로즈업으로 배우의 동작이나 표정을 크게 보여주자 관객이 배우의 감정선에 쉽게 몰입한다는 것을 발견하게 되죠. 지금 생각해 보면 별게 아닐 수는 있어도 당시로서는 엄청난 미학적 성과였습니다. 이러한 그리피스의 노력으로 영화가 말을 하지 않더라도 이미지만으로 감정과 의미를 전달할 수 있는 힘이 있다는 것을 만천하에 알리게 됩니다. 특히 그리피스가 뛰어났던 점은 화면에 확대된 소도구들이 배우의 연기보다 관객에게 극적인 긴장감을 한층 더 강렬하게 전달할 수 있다는 것까지 발견했다는 것입니다.

그리피스의 〈인톨러런스〉에는 셔레이드 표현의 진수를 보여주는 유명한 장면이 나옵니다. 살인 누명을 쓰고 법정에 선 남편을 바라보는 한 여인의 표정과 동작을 통해 관객에게 다양한 심리상태를 전달하는 것이지요. 카메라는 재판이 시작되자 긴장된 표정으로 손수건을 잘근잘근 물어뜯고 있는 여인을 클로즈업으로 잡습니다. 관객은 이 장면을 통해 여인

의 초조함과 긴장감을 느
끼게 되죠(첫 번째 스틸
사진). 이어 재판석에 앉
아 있는 남편과 눈이 마
주치자 애써 남편을 안심
시키려는 듯 미소를 보여
주지만 긴장하여 경직된
표정까지는 숨기지 못합
니다(두 번째 스틸사진).
조금 후 남편에게 최후의
판결이 내려지는 순간,
두 손을 꼭 쥔 채 기도하
는 모습을 확대해서 보여
줌으로써 초조하고 불안
한 여인의 심리가 고스란
히 관객에게 전달됩니다
(세 번째 스틸사진). 법정
의 긴장된 분위기를 클로

[사진36] 〈인톨러런스〉의
신체언어 셔레이드

비밀번호: amormundi

즈업과 셔레이드 기법으로 압축해 표현한 뛰어난 연출이라
고 할 수 있죠. 아마도 이 장면을 무성영화 시절 주 표현수단
이었던 자막으로 처리했다면 이러한 극적인 심리상태를 표
현해내지 못했을 겁니다. 이렇게 인간의 내면을 표현하기 위
한 노력에서 출발한 셔레이드 기법은 찰리 채플린(Charles

Chaplin)을 통해 화려하게 꽃을 피우게 됩니다.

셔레이드의 화려한 연주자로 불리는 채플린은 무용, 곡예, 무언극 등 신체언어의 장점을 최대한 발휘하여 슬랩스틱 코미디의 대가로 명성을 떨치게 됩니다. 그의 코미디 연기가 동시대의 배우와 다른 점은 제스처 위주의 코미디 연기를 보여주면서도 사회에 대한 풍자와 소시민에 대한 애환을 내면 연기로 보여주었다는 것입니다. 특히 〈모던 타임즈 Modern Times〉(1936)의 켄베이어 벨트 작업 장면은 고전적인 셔레이드 기법의 정수를 느끼게 해주죠. 채플린은 거대한 컨베이어 벨트 시스템 아래서 기계적으로 볼트 돌리는 일만을 계속해서 반복해 온 노동자입니다. 이러한 반복된 단순노동이 몸에 너무 익은 채플린은 쉬는 시간이 되어도 볼트를 연상시키는 물건만 보면 조이는 동작을 병적으로 되풀이합니다. 정말 웃픈 장면이죠. 채플린은 이렇게 단순한 동작 하나만으로도 산업사회의 부조리한 노동 현실과 점점 심화되는 기계화 사회의 병리현상을 통렬하게 풍자하고 있습니다.

클린트 이스트우드(Clint Eastwood) 감독의 〈메디슨 카운티의 다리 The Bridges of Madison County〉(1995)는 손끝의 섬세한 움직임만으로도 애절한 사랑의 감정을 전달할 수 있다는 것을 보여주는 작품입니다.

프란체스카(메릴 스트립 扮)는 남편과 아이들이 여행을 떠나 집에 홀로 있는 사이 도시에서 온 사진작가 로버트(클린트 이스트우드 扮)와 사랑에 빠집니다. 중년을 훌쩍 넘긴 나

이임에도 두 남녀는 미래의 동반자가 될 것을 굳게 약속하죠. 그러나 결국 프란체스카는 남편과 아이들에 대한 죄책감으로 자신의 새로운 사랑을 포기하고 맙니다. 프란체스카가 남편과 함께 시내에 나온 사이 떠났다고 생각했던 로버트가 그녀의 앞에 다시 나타납니다. 쏟아지는 폭우를 맞으며 한 발 두발 그녀를 향해 로버트가 걸어옵니다. 서로는 아무 말도 하지 않고 눈빛만을 교환하지만 관객의 머릿속에는 "잘

[사진37] 〈모던 타임즈〉의 신체언어 셔레이드

비밀번호: amormundi

지냈죠? 우리 함께 떠나요"라는 로버트의 대사가 들리는 것 같습니다. 두 관록의 배우들이 뿜어내는 눈빛이 그렇게 말을 하고 있으니까요. 로버트는 다시 뒤돌아서 자신의 차로 돌아갑니다. 그녀의 남편이 다시 차로 돌아오는 것을 로버트가 본 것이죠. 프란체스카는 어쩔 줄을 몰라 합니다. 이대로 다

[사진38] 〈메디슨 카운티의 다리〉의 신체언어 셔레이드

비밀번호: amormundi

시 찾아온 운명적인 사랑과 영영 헤어지는 것은 아닌지. 바로 이 순간 신호등에 남편의 차가 걸리고 때마침 로버트의 차가 앞에 정차하게 됩니다. 그녀의 눈에 무엇인가를 꺼내 백미러에 걸어두는 로버트의 모습이 보입니다. 카메라는 서로의 사랑의 징표였던 목걸이를 클로즈업으로 서서히 잡아주죠. 그 목걸이를 본 순간 프란체스카는 로버트의 진심을 알게 됩니다. 이윽고 신호등이 녹색으로 바뀌지만 앞차인 로버트는 출발하지 않습니다. 프란체스카가 문을 열고 나와 자신의 차로 옮겨 타기를 기다리는 것이지요. 그녀는 서서히 문 손잡이를 자신의 오른손으로 움켜쥡니다([사진38]). 이제 관객의 모든 시선은 프란체스카의 손끝으로 고정되지요. 그녀는 크게 한 번 손을 다시 펴 손잡이를 강하게 움켜쥔 후 천천히 문을 돌

립니다. 이때 남편이 경적을 울리며 앞차를 재촉합니다. 그녀는 앞차의 깜빡거리는 점멸등을 바라보며 조용히 눈을 감습니다. 여기까지인가요? 그녀는 결국 마지막까지 자신의 욕망을 외면합니다. 이제는 이별을 할 때입니다. 로버트의 차는 결국 기다리다 좌회전을 하고 남편의 차는 그대로 직진으로 나아갑니다. 프란체스카는 마지막 그의 모습을 지켜보며 손잡이를 놓아버립니다. 어떤가요? 비 오는 날 사랑하는 사람에 대한 애절한 감성이 느껴지나요? 이게 바로 셔레이드의 무언의 힘입니다.

이제 소도구를 이용한 셔레이드도 한번 알아보죠. 앞서 설명한대로 그리피스가 생명이 없는 소도구들도 배우와 같이 연기를 할 수 있다는 사실을 밝혀낸 후 소도구는 셔레이드 기법에서 없어서는 안 될 중요한 표현수단으로 자리 잡게 됩니다. 영화에서 소도구는 인물의 성격, 취미, 심리 등을 암시하는 요소가 되며 더 나아가 인물을 입체적으로 부각시키는 세밀한 역할도 담당합니다. 실제로 한 인물의 내면을 대사와 내레이션을 통해 직설적으로 관객에게 말하는 것보다 인물이 아끼는 물건이나 생활용품을 보여주는 것이 훨씬 더 효과적입니다. 예를 들어볼까요?

〈레옹 Leon〉(1994)에서 주인공이 항상 곁에 두는 화분은 한 곳에 뿌리 내리지 않고 잡초처럼 살아가는 고독한 킬러의 정체성을 잘 대변하는 소도구이고 〈구타유발자들〉(2006)에서 오근(오달수 扮)이 입고 있는 깔깔이, 주머니 속의 쥐약,

[사진39] 소도구를 통한 인물 묘사

들고 있는 야구방망이는 그의 망나니 같은 성격을 입체적으로 만들어줍니다. 또한 〈4월 이야기 April Story〉(1998)에서 우즈키가 들고 있는 빨간 우산은 첫사랑에 대한 그녀의 애틋한 감성을 관객들에게 강화시키는 소품으로 사용되죠. 제아무리 뛰어난 시나리오 작가의 대사라고 하더라도 이러한 세밀한 인물의 내면까지 표현할 수는 없겠죠.

소도구를 이용한 셔레이드의 전설적인 예는 스탠리 큐브릭 감독의 〈2001 스페이스 오디세이 2001: A Space Odyssey〉(1968)에서 인류가 도구를 손에 넣게 되는 순간과 우주의 공간을 연결시킨 장면입니다.

영화는 먼저 우연한 기회에 유인원이 짐승의 다리뼈라는 강력한 사냥도구를 발견하는 장면을 보여줍니다. 그런 다음 유인원이 최초의 인류의 도구를 하늘 높이 던지는 장면 후

바로 이어서 우주공간을 유영하는 우주선의 모습을 보여주죠. 재미있는 점은 관객에게 인류의 기술적인 진보를 쉽게 전달하기 위해 우주선의 모습을 유인원이 던진 다리뼈의 모양과 유사하게 설정했다는 것입니다. 이렇게 감독은 간단한 소도구의 병치를 통해 400만 년 이란 세월을 단숨에 초월시킨 영화사상 전무후

[사진40] 〈2001년 스페이스 오디세이〉의 소도구 셔레이드

비밀번호: amormundi

무한 비약을 보여줍니다.

사용 대상에 따른 셔레이드 분류 중 마지막은 상징요소를 이용한 셔레이드입니다. 신체언어나 소도구를 사용하는 것과는 달리 여러 가지 상징적인 소재들을 동원하는 셔레이드 기법은 보다 의미심장한 메시지를 전달할 수 있습니다. 한국 영화 중 가장 대표적인 작품으로 이만희 감독의 〈마의 계단〉(1964)을 알아보죠. 상업영화 시스템 속에서도 자신만의

뛰어난 영화세계를 구축하면서 1960년대 한국영화 발전을 이끌었던 이만희 감독은 특히 탁월한 스릴러 영화를 연출하면서 한국형 스릴러 장르를 개척한 인물로 평가할 수 있습니다. 그의 대표작 중 하나인 〈마의 계단〉은 한국형 미스터리 스릴러 장르의 원형이라 불릴만한 높은 완성도를 가진 작품이죠.

영화는 신분상승을 위해서라면 자신의 애인조차 제거하는 파렴치한 의사의 불안정한 심리상태를 과장된 음향효과와 표현주의적 조명, 치밀한 미장센 등을 동원해 뛰어나게 묘사하고 있습니다. 영화에서 가장 중요한 공간인 계단은 미스터리와 반전을 이끌어내는 상징적 셔레이드로 사용되었습니다. 계단은 영화 전개상 중요한 3번의 사건이 일어나는 공간이자, 비유적으로는 신분상승의 욕구를 드러내는 셔레이드로 기능합니다. 이러한 상징적 셔레이드의 활용과 더불어 목발, 시계, 목걸이, 사진 등의 소도구들도 서스펜스와 공포감을 자아내는 데 크게 일조하고 있죠. 이렇게 〈마의 계단〉에서 사용된 다양한 셔레이드 기법은 인간 내면의 이중성과 악마성을 잘 표현하고 있습니다.

이번에는 셔레이드 기법을 사용 목적에 따라 분류해 보도록 하죠. 셔레이드는 사용 목적에 따라 ① 인물의 성격이나 심리 표현 ② 인물의 관계나 상황 표현 ③ 장소에 대한 셔레이드로 나눌 수 있습니다. 이 세 가지 유형은 각각 독립적으로 작용하여 단일한 의미를 나타낼 수도 있으나 대개 상호

복합적으로 작용함으로써 다의적 의미를 함축하게 되는 경우도 있습니다.

먼저 등장인물의 성격과 심리변화를 표현하는 셔레이드입니다. 인물의 성격을 보다 심도 깊게 표현하기 위해 사용하는 내면의 세계는 언어적인 표현보다는 셔레이드 기법을 통하여 보다 효과적으로 표현될 수 있습니다. 배우의 얼굴

[사진41] 〈마의 계단〉의 상징 셔레이드

비밀번호: amormundi

은 물론이고 분장, 헤어스타일, 의상, 소도구 등도 인물의 성격과 심리변화를 표현하는 데 중요한 역할을 하죠. 보통 인물의 성격이나 심리에 대한 셔레이드는 영화의 도입부에 주로 나타나는 경우가 많습니다. 미리 관객에게 영화의 주인공에 대한 정보를 충분히 주기 위해서죠. 또한 이야기 전개에 중요한 역할을 하는 새로운 인물의 성격을 묘사할 때도 셔레이드를 사용합니다.

스필버그 감독의 〈쉰들러 리스트〉(1993)의 오프닝 시퀀스

는 인물의 성격, 사회적 지위, 심리를 표현할 때 대사보다 셔레이드가 훨씬 더 효과적으로 전달할 수 있다는 사실을 잘 보여줍니다. 영화는 외출을 준비하는 쉰들러의 전체 모습은 보여주지 않은 채 넥타이를 고르고 매는 모습, 와이셔츠에 커프스 버튼을 다는 손, 포켓치프를 꽂는 손, 여러 서랍에서 돈을 꺼내는 손, 나치 배지를 다는 손 등 인물의 부분

[사진42] 〈쉰들러 리스트〉의
인물 성격 셔레이드
비밀번호: amormundi

적인 모습만을 클로즈업으로 연속해서 보여줍니다. 주인공에 대한 호기심을 불러일으키기 위해 인물의 최종 목적지인 파티장에 도착해서도 카메라는 인물의 뒷모습만을 고집스럽게 보여줍니다. 인물이 종업원에게 돈을 건네며 귓속말을 하자 파티장의 앞자리로 안내받습니다. 그제야 카메라는 인물의 얼굴을 관객에게 보여주죠. 관객은 자막이나 대사가 한 번도 나오지 않았지만 다양한 소도구들을 통한 셔레이드를

통해 쉰들러라는 인물에 대해 이미 많은 정보를 얻게 됩니다. 첫째, 소품을 고르는 행동을 통해 인물의 성격이 매우 섬세하고 치밀하다. 둘째, 소품을 모아놓은 초라한 상자와 서랍에 모아둔 얼마 안 되는 돈을 챙기는 모습에서 인물의 재정상태가 그리 넉넉하지 않다. 셋째, 나치 배지를 다는 모습을 통해 히틀러에 우호적인 인물일 가능성이 높다. 넷째, 종업원을 대하는 자세를 통해 처세술에 매우 능한 인물이다. 이렇게 영화 초반부 셔레이드를 통해 축적된 쉰들러의 성격과 심리는 캐릭터의 입체감을 극대화시키는데 크게 공헌합니다.

이번에는 모자라는 소도구를 사용해 인물의 성격과 심리를 효과적으로 표현한 프랭크 카프라(Frank Capra) 감독의 〈스미스 씨 워싱턴에 가다 Mr. Smith Goes To Washington〉(1939)를 살펴보죠. 스미스(제임스 스튜어트 扮)는 상원의원의 딸인 수잔을 만나자 그녀의 미모에 홀려 어쩔 줄을 몰라 합니다. 악수를 권하는 그녀의 손을 잡자 들고 있던 모자를 떨어뜨립니다. 대화를 나누면서도 한시도 모자를 가만히 두지를 못하죠. 두 손으로 쥔 모자를 계속해서 흔들어대고 그러다가 또 떨어뜨리고 다시 주웠다가 한참을 만지작거린 후 다시 떨어뜨리는 동작을 반복합니다. 흥미로운 점은 카메라는 스미스의 얼굴은 보여주지 않고 오로지 그의 손과 모자만 클로즈업으로 계속해서 관객에게 보여준다는 것입니다. 급기야 작별인사를 하고 돌아가는 와중에 전등갓을 떨어뜨리

기까지 합니다. 관객은 이러한 스미스의 행동을 통해 그의 성격과 심리를 쉽게 유추할 수 있습니다. 수잔에게 사랑의 감정을 느끼고 있으며 그의 성격이 상원의원이 되기에는 매우 어리버리하다는 것이죠. 물론 그의 이러한 성격은 후반부의 대반전을 위한 일종의 떡밥이라고 볼 수 있습니다. 사실 이 장면은 엄격히 말하면 완벽한 셔레이드라고 보기는 어렵습니다. 대화가 진

[사진43] 〈스미스씨 워싱턴에 가다〉의 심리표현 셔레이드

비밀번호: amormundi

행되면서 인물의 행동이 이어지기 때문이죠. 그러나 인물의 표정연기가 아닌 모자라는 소도구만을 활용해 인물의 심리와 성격을 묘사했다는 점에서 넓은 의미의 셔레이드 사용이라고 볼 수 있습니다.

숀펜(Sean Penn) 감독의 〈써스펙트 The Pledge〉(2001)는 배우의 안면표정과 제스처가 얼마만큼 인물의 성격이나 심리를 잘 표현하는 훌륭한 무기가 될 수 있는지를 잘 보여

142

주는 뛰어난 예입니다.

베테랑 형사 제리(잭 니콜슨 扮)는 은퇴한 후에도 자신이 미처 완결하지 못한 연쇄살인 사건을 해결하고자 아예 범행 현장에서 가까운 주유소를 사서 생활을 합니다. 세월이 흐르면서 근처 카페 여주인 그리고 그녀의 딸과 새로운 가족까지 이루게 되죠. 행복한 생활을 하며 과거의 일을 잊어가고 있던 즈음, 연쇄살인범이 다시 마을에 등장하

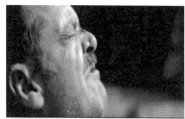

[사진44] 〈써스펙트〉의 인물심리 셔레이드

비밀번호: amormundi

게 됩니다. 제리는 새로운 가족이 된 여주인의 딸을 이용해 살인범을 잡으려하지만 오히려 이 사실을 안 여주인과 딸이 그의 곁을 떠나게 되죠. 이제 제리에게는 아무것도 남은 게 없습니다. 그토록 잡고 싶었던 살인범의 단서도 사라지고 실로 오랜만에 사랑을 느끼게 해 주었던 주변의 사람들도 모두 등을 돌린 것이죠. 영화의 엔딩부분에서 제리는 자신의 텅 빈 주유소 앞에서 위스키를 들이킵니다. 카메라는 눈을 감은

채 무엇인가를 읊조리고 있는 제리의 모습을 클로즈업과 부 감으로 잡아줍니다. 제리는 흙먼지가 날리는 의자에 앉아 눈 을 감고 여전히 쉴 새 없이 무엇인가를 읊조립니다. 어린아 이를 이용한 자신의 부도덕한 행동에 대한 책망일까요? 아니 면 살인범을 끝내 잡지 못한 형사로서의 아쉬움일까요? 제리 는 고개를 저으며 움켜진 주먹을 강하게 흔들어봅니다. 카메 라는 클로즈업으로 이런 제리를 잡아주다가 서서히 롱 숏으 로 멀리서 응시하기만 합니다. 잭 니콜슨의 압도적인 연기력 이 돋보이는 이 장면은 배우의 안면 표정과 제스처를 통해 대사가 주지 못하는 진한 여운을 관객에게 선사합니다. 관객 은 2분 20초 동안의 셔레이드 숏을 통해 베테랑 형사에서 퇴 직자로의 위치 변화가 주는 허무함과 쓸쓸함, 새로운 삶이 주었던 잠시나마의 행복감과 홀로 남겨진 고독감, 영혼을 걸 고 맹세한 피해자 부모와의 약속을 지키지 못한 회한 등 인 물의 복잡다단한 감정선을 오롯이 느끼게 됩니다.

브라이언 싱어(Bryan Singer) 감독의 〈유주얼 서스펙트 The Usual Suspects〉(1995)는 엔딩 신의 셔레이드 한 숏 으로 관객에게 충격적인 반전을 선사한 대표적인 작품입니 다. 영화는 처음부터 끝날 때까지 전설과도 같은 지하 범죄 조직의 두목 카이저 소제의 정체를 밝히는 데 모든 신경을 집중합니다.

용의선상에 올라 있는 5명의 범죄자 중 버벌(케빈 스페이 시 扮)은 유일한 생존자지만 카이저 소제와의 연관성이 가장

떨어지는 인물로 그려지죠. 일단 절름발이며 손도 굽어 제대로 펴지도 못하는 신체적인 제약을 가지고 있을 뿐만 아니라 성격도 시종일관 매우 소심하게 그려지고 있으니까요. 그러나 여기서 대반전이 일어납니다. 결국 무혐의로 경찰서에서 풀려난 버벌이 절룩거리며 거리를 걷는 장면을 보여주다 클로즈업으로 갑자기 멀쩡히 걷는 그의 모

[사진45] 〈유주얼 서스펙트〉의 반전 신 셔레이드

비밀번호: amormundi

습과 굽었던 손을 펴고 담뱃불을 붙이는 모습을 연속해서 보여줍니다. 바로 버벌이 그 악명 높은 카이저 소제임이 밝혀지는 순간이죠. 관객은 이 순간 경악을 금치 못합니다. 한동안 멍하니 진짜 카이저 소제가 유유히 차를 타고 사라지는 장면을 넋을 잃고 볼 수밖에 없죠. 정말 영화사상 길이 남을 반전 신입니다. 이러한 반전의 상황이 관객에게 더 충격적으로 다가올 수 있었던 것은 대사가 아닌 손과 발을 이용한 셔

레이드였기 때문이었을 겁니다.

　사용 목적에 따른 두 번째 셔레이드 유형은 인물관계 및 상황을 설명하는 것과 연관됩니다. 대부분의 영화는 한 명의 등장인물보다는 복수의 등장인물의 관계를 통해 이야기의 상황과 갈등이 전개됩니다. 따라서 인물관계에 대한 묘사는 극의 전개에서 상당히 중요한 역할을 하게 되죠. 그런데 이러한 인물관계를 대사나 내레이션을 통해 직접적으로 표현하게 되면 관객에게 지나치게 1차원적으로 보일 가능성이 높습니다. 다시 말해 흥미를 불러일으키기가 어려워지는 것이죠. 이때 셔레이드를 통해 인물관계를 묘사하게 되면 관객에게 입체적으로 전달되기 때문에 보다 강렬하고 효과적으로 표현할 수 있습니다.

　〈시민 케인〉에서 케인과 첫 번째 부인의 냉담한 인물관계를 내레이션이나 대사 없이 소도구와 신체언어를 활용하여 표현해내고 있는 아침식사 시퀀스는 셔레이드의 효용성을 잘 보여줍니다. [사진46]의 첫 번째 스틸사진처럼 케인과 부인은 신혼시절 알콩달콩 잠시도 떨어져 지내지를 못하는 다정한 사이로 묘사됩니다. 식탁에서의 두 사람의 거리도 상당히 밀착한 모습을 보여주죠. 세월이 흘러 사소한 언쟁이 시작되고 점점 말수가 적어지더니 급기야 마지막 장면에서는 서로 시선조차 주지 않은 채 신문만 읽고 있는 모습을 보여줍니다. 게다가 부인은 케인의 경쟁사에서 발행하는 크로니클 신문을 읽고 있죠. 결국 세 번째 스틸사진을 보면 식탁에

서의 두 사람의 위치가 처음과 달리 양쪽 끝에 위치하고 있음을 알 수 있습니다. 두 숏의 비교만으로도 이들의 관계가 회복할 수 없는 지경에 이르렀음을 잘 보여주죠.

황동혁 감독의 〈도가니〉(2011)는 셔레이드를 통해 극적 상황을 표현한 훌륭한 사례를 보여줍니다. 어느 청각장애인학교에서 교장과 교사들이 비인간적인 성폭력과 학대를 저지르게 되어 법정에 섭니

[사진46] 〈시민 케인〉의 인물관계 셔레이드

비밀번호: amormundi

다. 피고인들의 유죄를 입증하기 위해서는 친구가 성폭행당하는 장면을 직접 목격한 한 청각장애 소녀의 증언이 매우 중요한 상황입니다. 이 소녀는 사건 당일 기숙사로 가려다 교장실에서 희미한 음악소리가 들려 발길을 돌렸다고 증언합니다. 그런데 문제는 이 소녀가 청각장애인이라는 데 있습니다. 피고인의 변호사는 이 부분에 신빙성이 없다며 증언대에 선 소녀를 강하게 몰아붙이죠. 그러나 소녀는 분명히 희미한 음악소리를 들었다고 재차 주장하며 구체적으로 노래

147

제목까지 언급합니다. 재판장은 방청객이 보는 가운데 증인이 진짜 음악소리를 들을 수 있는지 없는지를 실험합니다. 만일 소녀가 음악을 들을 수 있는 것이 입증만 된다면 정의는 승리하게 되는 것이죠. 실험은 간단합니다. 음악이 들리면 소녀는 손을 들기면 하면 됩니다. 이때부터 관객들의 모든 신경은 소녀의 손에 집

[사진47] 〈도가니〉의
극적 상황 셔레이드

비밀번호: amormundi

중됩니다. "아! 제발 손을 들어라!" 모두가 숨죽인 가운데 조성모의 〈가시나무새〉가 법정에 울려 퍼집니다. 카메라는 가만히 음악을 듣고 있는 소녀 주위를 왼쪽에서 오른쪽으로 회전하며 간간이 소녀의 손을 클로즈업으로 보여줍니다. 드디어 클로즈업으로 천천히 올라오는 소녀의 손이 보입니다. 올라오는 소녀의 손을 본 엇갈린 반응 숏들이 삽입됩니다. 피고인과 변호사는 놀라서 움츠러드는 모습이, 소녀를 응원하

는 주변인의 얼굴에는 안도와 희열의 미소가 번져가기 시작합니다. 이제 소녀의 손은 얼굴까지 올라옵니다. 카메라는 의도적으로 쉐도우 포커스를 사용해 관객에게 소녀의 손을 더욱 강조합니다. 이때 아직도 믿지 못한 변호사가 음악을 멈춥니다. 정적에 사로잡힌 법정을 보고 있는 관객은 다시 마음속으로 외칩니다. "이제 다시 손을 내려야 해!" 천천히 소녀의 손이 내려갑니다. 변호사가 다시 음악을 틀자 카메라는 소녀의 오른쪽 귀를 클로즈업으로 보여줍니다. 천천히 다시 손이 올라갑니다. 그렇습니다. 소녀는 진짜로 음악을 희미하게나마 들을 수 있었던 겁니다. 증인의 진술을 인정한다는 판사의 선고와 함께 방청석에는 안도의 박수 소리가 울려퍼집니다. 약 4분여에 걸쳐 진행되는 이 법정 신은 관객에게 카타르시스를 제공하기에 충분합니다. 만약 이 장면이 셔레이드가 아닌 다른 연출로 채워졌다면 어땠을까요? 아마도 그저 그런 뻔한 감정선들만 파편처럼 흩어졌을 겁니다. 다시 한 번 셔레이드의 무언의 힘이 느껴집니다.

신체언어와 소도구 이외에 인물의 성격과 심리를 표현할 수 있는 또 하나의 도구는 바로 장소입니다. 인간이 살아가는 주된 생활공간에 대한 셔레이드는 신체언어와 소도구로 표현할 수 없는 색다른 묘미를 전달해주죠. 박찬욱 감독의 〈박쥐〉(2009)는 자리의 재배치를 통해 인물간의 관계를 표현하고 있습니다. 태주(김옥빈 扮)는 히스테리를 부리는 시어머니(김해숙 扮)와 무능력한 남편 강우(신하균 扮)로 인해 매

[사진48] 〈박쥐〉의 위치변화 셔레이드

비밀번호: amormundi

일매일 지옥 같은 삶을 살아갑니다. [사진48]의 상단부 첫 번째 스틸사진처럼, 태주는 그저 집에서 하인 같은 존재로 살아가지요. 감독은 이러한 태주의 위치를 프레임의 하단부에 배치하고 시어머니를 상단부에 배치함으로써 관객에게 그녀의 지위를 설명합니다. 집 안에서 열리는 마작 게임이 열려도 해주는 늘 테이블 밑에서 음식을 준비하는 존재로 그려지죠(상단 두 번째 스틸사진). 그러나 해주가 남편의 친구인 신부 상현(송강호 扮)을 만나면서부터 그녀의 존재는 180° 변화하기 시작합니다. 뱀파이어가 된 상현은 태주의 성적 매력에 주체할 수 없는 욕망을 느끼고 태주 또한 억눌렸던 욕망을 일깨워준 상현과 위험한 사랑에 빠져듭니다. 이때부터 프레임 상의 태주의 위치와 카메라 앵글이 변화하기 시작합니다. 해주는 이제 남편 옆 자리에 앉아 마작 게임에 당당하게 참여를 하죠(상단 세 번째와 하단 첫 번째 스틸사진). 특히 태주와 상현이 강우를 살해한 이후 시어머니의 자리 위치와 며느리의 위치가 완벽히 역전되는 상황을 보여줍니다. 아들을 잃은 충격에 시어머니는 반신불수가 되어 프레임 하단에 위치하고 태주는 이런 시어머니를 내려다보는 위치에 자리를 잡습니다(하단 두 번째, 세 번째 스틸사진). 이렇듯 장소의 위치에 따른 배열은 인물관계 및 상황을 설명하는 좋은 도구로 쓰일 수 있습니다.

윤성현 감독의 〈파수꾼〉(2010)은 기차역이라는 특정 장소를 통해 등장인물의 복잡한 심리변화를 상징적으로 보여줍니다. 기태(이제훈 扮), 동윤(서준영 扮) 그리고 희준(박정민 扮)은 주위의 부러움을 받을 정도로 서로의 우정을 돈독히 쌓아갑니다. 이들이 방과 후 야구놀이를 하는 기차역은 우정을 상징하는 공간으로 기능하죠(첫 번째 스틸사진). 그러다가 이들의 우정에 조금씩 균열이 생기기 시작합니다. 어머니의 부재로 인한 콤플렉스로 인해 기태와 희준은 충돌하게 되고 결국 희준은 전학을 가고 말죠. 이제 기차역에서 야구를 하는 친구는 기태와 동윤 뿐입니다(세 번째 스틸사진). 그러나 기태와 동윤마저 여자 친구로 인해 갈등을 빚게 되고 이제는

기태만 기차역에 홀로 남아 즐거웠던 그때를 추억하죠(세 번째 스틸사진). 이처럼 〈파수꾼〉은 기차역이라는 상징적인 공간을 이용하여 독단적인 우정과 미숙한 소통의 오해가 불러일으킨 비극적 파국을 효과적으로 관객에게 전달합니다.

마지막으로 알아볼 작품은 개봉 당시 전국에 첫사랑 신드롬을 불러일으키며 한

[사진49] 〈파수꾼〉의 상징적 장소 셔레이드

비밀번호: amormundi

국 멜로드라마의 새로운 가능성을 제시했던 이용주 감독의 〈건축학개론〉(2012)입니다. 영화는 집이라는 공간을 통해 첫사랑의 아련한 기억과 감성을 세밀하게 묘사하고 있습니다. 특히 영화의 주요 배경으로 등장하는 정릉의 빈집과 제주도의 새집은 과거와 현재의 시공간을 자연스럽게 교차시키는 주요 장치이자 두 남녀의 성격과 심리를 입체적으로 부각시키는 세밀한 역할도 담당합니다. 먼저 정릉의 빈집은 승

[사진50] 〈건축학개론〉의 상징적 장소 셔레이드

민(이제훈 扮)과 서연(배수지 扮)의 서툴고 순수했던 첫사랑
의 공간을 상징합니다. 그러나 대부분의 첫사랑의 끝이 그렇
듯이 이들의 사랑도 지속되지 못하고 첫눈과 함께 사라지고
말죠. 15년의 세월이 흐른 후 서연(한가인 扮)은 승민(엄태웅

扮) 앞에 불쑥 나타나 제주도에 자신을 위한 집을 설계해달라고 부탁합니다. 서연의 고향집이 승민의 정성으로 새롭게 리모델링되면서 이들의 어긋나버린 첫사랑의 감정도 다시 새로운 기억으로 복원되기 시작하죠. 기존의 멜로드라마가 주로 대사를 통해 사랑의 감정을 직접적으로 전달한 것에 비해 〈건축학개론〉은 장소를 활용한 셔레이드 기법을 통해 두 남녀의 성격과 심리를 은유적으로 표현하고 있습니다. 〈건축학개론〉에는 장소 이외에 다양한 소도구를 활용한 셔레이드 기법이 중요하게 사용되고 있습니다. 우리가 앞서 알아본 논의들을 참조해서 어떤 소도구들을 활용해 인물의 성격, 취미, 심리 등을 암시했는지 독자 여러분께서 직접 찾아보시면 어떨까요?

나오는 글

지금까지 우리는 미장센에 대해 촬영, 색채·조명·프로덕션 디자인, 셔레이드를 중심으로 알아보았습니다. 서두에서도 밝혔지만 이 책의 목적은 독자 여러분께 영화를 창작하고 감상하는 데 있어 미장센이 왜 중요한지를 설명하고 영화를 분석할 수 있는 기초적인 안목을 제공하는 데 있었습니다. 사실 지면 관계상 보다 충분한 설명과 더 풍부한 예시들을 보여주지 못한 점, 또한 나머지 미장센 코드들을 미처 다루지 못한 점도 아쉽게 다가옵니다. 이어지는 새로운 책에서는 영상으로 관객의 마음을 움직일 수 있는 영화적 글쓰기란 무엇인가에 대해 좀 더 자세히 알아보고자 합니다.

개정판을 마치며

초판을 읽은 독자 여러분께서 다양한 피드백을 해주셨습니다. 그중에서 가장 많이 받은 질문 두 가지를 소개하고 제 나름의 답변을 드리면서 개정판의 에필로그를 장식할까 합니다.

첫 번째 질문은 미장센 구성요소 표에서 제시된 코드들 중 캐릭터, 사운드, 시·공간에 대한 내용이 없었다는 불만입니다. 이 점 죄송하게 생각합니다. 초판 [나오는 글]에서도 언급했듯이 총서의 특성상 분량에 제한이 있어서 아쉽게도 다루지 못했습니다. 되도록 빨리 준비해서 미처 소개하지 못한 미장센 코드 후반부에 대한 새로운 내용으로 인사드리겠습니다. 조금만 기다려 주시면 감사드리겠습니다.

두 번째 질문은 책을 읽고 '미장센' 개념을 이해하고 흥미를 갖게 된 점은 좋았으나 막상 직접 분석을 하려고 하니 생각보다 잘 되지 않는다는 의견입니다. 그러면서 조금 더 수월하게 미장센을 분석하려면 어떻게 해야 하는지, 일종의 단축키 내지 치트키에 대해 알려달라는 질문이 의외로 많더군요. 일단 저자 입장에서는 무척 반가운 반응입니다. 제 책이 영화를 이해하는데 있어 작은 밀알이 되었다는 점만으로도 감사한 일이지요. 그렇지만 아쉽게도 두 번째 질문에 대한 속 시원한 답변을 드리기가 매우 힘듭니다. 왜냐하면 모든 일이 그렇듯이 영화 분석에도 '지름길'은 없기 때문입니다. 독자 여러분들도 느끼셨겠지만 어떤 분야이든 자신의 학문적 궁금증을 해소시켜 줄 수 있는 책은 아무리 찾아도 신기하게도 없습니다. 이 말은 그만큼 다양한 책을 통해 스스로 해답을 찾아야 한다는 것이겠지요. 영화 분석 역시 마찬가지라는 생각이 듭니다. 제 책 한 권만으로는 영화 분석에 관한 모든 지적 욕망을 채우기에 턱없이 부족합니다. 그럼 어떻게 해야 하나요? 저는 지름길은 알려 드리지 못하지만 대신 다시 뒤로 돌아가지 않고 앞으로 계속 나아갈 수 있는 정도(定道)에 대해서는 알려 드릴 수 있습니다.

답은 의외로 간단합니다. 바로 서문에서 언급한 트뤼포의 "영화를 사랑하는 세 가지 방법"에 정답은 숨어 있습니다. 일단 무조건 영화를 많이 봐야 합니다. 극장에서 개봉 영화를 봐도 좋고요, 집에서 혼자 VOD를 통해 지나간 영화를 봐도 좋습니다. 영화를 분석하는 눈을 기르기 위해서 가장 중요한 것은 영화를 '보는' 것입니다. 자신이 본 영화 목록이 한 편이 모여 열 편이 되고 백 편이 되고 천 편이 될 겁니다. 그에 비례해서 분명 자신의 영화를 보는 안목이 그 전보다 훨씬 깊고 넓어져 있다는 것을 느끼는 날이 올 겁니다. 당연한 말이지만 영화를 보지 않는 자, 영화를 분석할 수 없습니다. 영화를 분석하는 눈을 기르기 위해서 두 번째로 중요한 것은 영화에 관한 글을 '읽는' 것입니다. 일단 자신이 영화 분석의 초보자라면 영화·영상에 관한 다양한 관련 서적을 반드시 읽어야 합니다. 그래야만 영화에 대한 자신만의 이해도가 향상될 수 있습니다. 물론 그 과정은 힘들고 귀찮으며 번거로울 겁니다. 시간도 많이 걸리고요. 그러나 영화예술과 미학을 이해하기 위해서는 반드시 필요한 과정입니다. 주변에서 이런 과정을 귀찮아하고 바로 비평/분석에 들어가는 분을 종종 봅니다. 그러나 안타깝게도 기본기를 건너뛰고 한 걸음 나아가봤자 어차피 다시 뒤로 세 걸음 되돌아와야 합니다. 제 책을 읽은 독자라면 같은 총서 시리즈인 『영화 스토리텔링』, 『영화비평』, 『영화언어』, 『영화편집』부터 천천히 정독하기를 권해드립니다. 다시 한 번 말씀드리지만 영화에 대한 글을 읽지 않는 자, 영화를 제대로 분석하기 어렵습니다. 영화를 분석하는 눈을 기르기 위해 마지막으로 중요한 것은 영화에 대한 글을 직접 '쓰는' 것입니다. 그냥 머릿속으로만 영화를 분석하지 말고 메모도 좋고 일기도 좋으니 무조건 많이 써보는 겁니다. 그래야만 자신이 어떤 영화를 좋아하는지, 어떤 감독을 지지하는지, 어떤 장르를 선호하는지를 알 수 있습니다. 이 과정 역시 비평/분석을 위해서는 필수불가결한 작업입니다. 왜냐하면 영화에 대한 글을 쓴다는 것은 나와 비슷한 다른 이의 기호를 찾아 서로 공감하는 과정이기 때문입니다. 마지막으로 한 번 더 강조하지만 영화에 대해 글을 쓰는 것을 귀찮아하는 자, 영화를 분석할 수 없습니다. 저 역시 마찬가지입니다. 아직 부족한 점이 너무도 많다는 것을 그 누구보다 잘 알기에 지금도 매일매일 트뤼포처럼 살아보려고 노력합니다. 아쉽게도 지키지 못하는 날이 더 많지만요.

개정판의 마지막 화두를 개그맨 이영자씨 얘기로 끝맺을까 합니다. 뜬금없이 왜 이영자씨 이야기냐고요? 제가 보기에 미장센 분석은 이영자씨의 맛 표현과 유사하다고 생각되기 때문입니다. 이제는 이영자씨만의 시그니처가 되어버린 맛에 대한 실감나는 표현은 듣는 이로 하여금 먹고 싶은 충동을 들 게 할 정도로 정말 구체적이고 자연스럽죠. 그런데 막상 이영자씨처럼 음식을 먹고 맛 표현을 해보려고 하면 정말 쉽지가 않습니다. 산해진미를 맛보고도 맛에 대해서 표현해보라고 하면 다들 "맛있다"가 끝이죠. 비슷하게 흉내내보려고 억지로라도 표현해보면 여지없이 뭔가 어색하고 꾸며낸 듯한 느낌이 들게 마련입니다. 그렇다면 이영자씨는 어떻게 타의 추종을 불허할 정도로 맛 표현을 잘할 수 있을까요? 일단 이영자씨의 맛 표현의 비결은 그 누구보다도 오랫동안 많은 음식을 골고루 먹어 본 경험입니다. 여기에 음식에 대한 '간절함'까지 더해졌지요. 유년시절 이영자씨는 늦게까지 시장에서 일하고 돌아오는 어머니를 기다리면서 배고픈 배를 움켜쥐고 오늘은 무엇을 먹게 될지 늘 상상하곤 했답니다. 전에 어머니가 해주었던 음식을 다시 떠올리며 실제 먹는 것처럼 상상하다 보니 자신도 모르게 맛 표현이 향상된 것이지요. 이뿐만이 아닙니다. 일단 맛있게 먹은 음식은 그 맛을 내는 재료와 조리 방법에 대해 집요하게 분석하는 습관을 가지고 있습니다. 그리고 실제로 집에 가서 비슷하게 요리도 해보지요. 여기서 그치지 않고 이영자씨는 자신이 맛보았던 음식에 대해 글을 씁니다. 그것을 맛 지도, 일명 영자 리스트라고 하더군요. 어떤가요? 앞서 우리가 얘기했던 영화를 분석하는 방법과 비슷하지 않나요?

■ 참고문헌

Christine de Mentvalon, *Let mots du cinéma*, Edtions Berin, 1987.

Claude Beylie, Jacques Pinturault, *Les Maîtres du cinéma français*, Bordas, 1990.

데이비드 보드웰 저, 김숙 외 역,『영화 스타일의 역사』, 한울, 2002.

루이스 쟈네티 저, 김학용 역,『영화 형식과 이해』, 도서출판 도스토예프스키, 1988.

민병록 외,『영화의 이해』, 집문당, 2001.

버나드 딕 저, 김시무 역,『영화의 해부』, 시각과 언어, 1994.

스테판 샤프 저, 이용관 역,『영화구조의 미학』, 울력, 2008.

수잔 헤이워드 저, 이영기 역,『영화사전(이론과 비평)』, 한나래, 1997.

이승구 외 엮음,『영화 용어 해설집』, 영화진흥공사, 1997.

최병근,「미장센 요소들의 창의적 기능에 대한 연구」,『영화연구』29호, 2006.

최상식,『영상으로 말하기』, 시각과 언어, 2001.

최현주,『영상문법』, 한울, 2011.

※ 독자의 이해를 돕기 위해 관련 동영상 예시들을 QR코드(비밀번호: amormundi) 링크를 통해 제공합니다.